この本を、プログラミングをする
すべての女の子たちと、
いつの日かそれに挑戦する
女の子たちに捧げます。

目次

はじめに 8

1 どうしてプログラミングするの? 15

2 コンピューターと話をする方法 33

3 ひとつにまとめる 45

4 さぁ始めよう! 61

5 「プログラム」を攻略しよう 77

6 デバッグ 99

7 ゲーム 111

8 デジタルアートとデザイン 123

9 ロボット 135

10 ウェブサイト、スマホアプリ、オンライン・セキュリティ 145

さいごに 158

用語集 162

謝辞 169

索引 170

本文中の＊は原注、※は訳注です。

登場人物

ルーシー

誕生日：5月20日
好きなもの：科学、音楽、ゲーム、絵文字、
　　　　　　新しいことへの挑戦

ソフィア

誕生日：11月13日
好きなもの：スポーツ、スウェットパンツ、子守り、
　　　　　　ネイルアート、自撮り

マヤ

誕生日：6月3日
好きなもの：文章を書くこと、絵を描くこと、おしゃれ、
　　　　　　ゴツめのアクセサリー、アドバイスすること

エリン

誕生日：2月26日
好きなもの：お菓子作り、映画、読書、サーフィン、
　　　　　　変顔で人を笑わせること

レイラ

誕生日：8月22日
好きなもの：ロボット工学、ガーデニング、陸上ホッケー、
　　　　　　手芸工作、お姉ちゃんとつるんで遊ぶこと

はじめに

HELLO, WORLD[※1]

わたしはレシュマ・サウジャニ。「Girls Who Code（ガールズ・フー・コード）」という団体の創立者よ。

わたしたちは、中学生以上の女の子たちが、プログラミングを学ぶ手助けをしている。プログラミングって、コンピューターやデジタル機器をコード（プログラム）を書いて操るってこと。プログラミングを学んで出会える、びっくりするほどすばらしいアイデア、スキル、そしてチャンスのすべてに刺激を受けて、ワクワクしてほしいって願っている。

信じて。プログラミングから得られるものは、本当にたくさんあるの。

でもここで、ちょっとした秘密を教えましょう。**数年前まで、わたしはプログラミングを学ぶのが怖かった。**

わたしは以前、法律家で政治家だった。ニューヨーク市の副市政監督官として働いていたの。2010年、わたしは南アジア系アメリカ人女性として、初めて連邦議会議員に立候補した。わたしはずっと、まだ会ったことのない人に会

※1　プログラミングの練習は、こんなふうに表示させるところから始まります。

うこと、グループのなかでの人助けが好きだったから、政治家という職業をすてきだと思ったの。子供の頃から、人々の生活を良い方に変える何かをしたい、と強く願ってた。ただそれを、コンピューターやプログラミングを使ってできるなんて、考えたこともなかった。

けれど、ニューヨーク市で選挙に出馬したとき、ニューヨーク市の学校を訪問する時間がたくさんあった。そして気づいたことがあったの。どのコンピューターのコースでも、たくさんの男の子たちがプログラミングを学び、テクノロジーで世のなかを変える人になろうとしている。**なのに、女の子がほとんどいない！**

いったい女の子たちはどこにいるの？

わたしには、これが正しい状況だとは思えなかった。いまは大学を卒業する人たちの、半分以上が女性。働いている人口のほぼ半分もそう。それなのに、コンピューター・サイエンス（コンピューターと、そのさまざまな使い道についての研究）の分野ときたら、女性はどこにも見当たらない（少なくともニューヨークの学校では）。これは大問題よ。

2020年までには、140万件のコンピューターに関する求人の見込みがある。これは、アメリカでも給与が一番高くて、急成長している分野の職業の1つ。**なのに、その道を目指す女の子は、4パーセントしかいない。**

たったの4パーセント？ もし円グラフにしたら、うすい一切れにもならない。わたしにとってそれは、とても我慢できることじゃなかった。女の子たちは未来の仕事を失いつつある。それもぜんぶ、プログラミングを学ぼうとしないという理由で。

どうしてこんなことが起こっているの？ どうしてコンピューターのコースには、もっと女の子がいないの？

問題点

その答えは、わたしがいままでプログラミングを学んでこなかった理由を考えれば、理解できた。

それは、わたしがこれまで数学とコンピューター・サイエンスの勉強をする、十分な機会がなかったからじゃない。なにしろ、わたしの父はエンジニアだった。わたしが子どもの頃、父はわたしに科学的な考えを教えるのが好きだった。そしていつもわたしに、いきなり数学の問題を出すの。たいてい晩ごはんの時間に。でも、わたしにはその問題は難しすぎて、自分で答えを出すことはできなかった。答えを知っても、すぐには理解できないことが何度もあった。わけがわからずに父の顔をテーブル越しに見つめるとき、わたしは、自分があんまり頭が良くないんだ、って気分だった。晩ごはんはわたしにとって、ビクビクしっぱなしの時間になり、わたしは数学を得意じゃないって信じるようになった。

　こうしてわたしは、数学が怖くなったの。その結果、わたしは数学や、数学が必要そうなことに近づかないようになった。遠ざけたもののなかには、プログラミングや統計、工学も入っていた。それらの代わりに歴史と作文に力を入れることにした。この2つは、数学より安心して取り組めたし、すぐに成果が出せるとわかっていたから。

　そのときは気づかなかったけど、そういう子はわたしだけじゃなかった。大勢の、すべての世代の女の子が、わたしに同じことを言うの。「わたしは数学や科学が『苦手』」って。彼女たちは、「プログラミングみたいな理系っぽいことは怖い」と言う。怖いと思わない子でも、コンピューター・サイエンスは「自分には向いていない」と思ってる。ちょっとオタクっぽいもので、コンピューターの前に1日中座っていられる男の子向きだって。

　じゃあ、ここでもう1つ秘密を教えるね。

そんなの全然まったくバカげた大まちがいだってこと！

　小さい頃から、決めつけられたイメージとして、世のなかの雰囲気として、時には先生からまで、わたしたちはあるメッセージを吹き込まれてる。科学や技術、工学、数学なんかは「女の子には向いてない」って。こういうシグナルを探してみたら、きっとどこにでも見つかるはず。ティーン向けの有名なショップに行って、「数学アレルギー」と書かれたTシャツを買うこともできる。TVのどのチャンネルでも、プログラマーは、コンピューターと一緒に地下室に引きこもっている、フードをかぶった男性として描かれてる。

女の子として、わたしたちはそういうシグナルに耳を傾けてる。そして、マイナスイメージの「女の子ってこういうもの」って決めつけと、「あの人みたいになりたい」というロールモデルがいないことの影響を、いくらでも見つけることができる。中学生までに、ほとんどの女の子が「STEM（科学・技術・工学・数学）」の道は、自分には向いていないと言うの。高校生のときには、女の子たちはSTEMに関連した職業を、まったく興味のない選択の1つにランクづけしてしまう。

　女の子たちはSTEMから、ゆっくりと遠ざけられていく。彼女たち自身が、本当にSTEMが好きかどうかを実感する前に。さらには、より深刻なことに、彼女たちがSTEMにおいて、本当はすばらしい才能をもっていることを実感する前に。

次のステップ

　2010年、わたしは連邦議会議員選に落選した。じつに辛い経験だった。これまでうまくやってきた人生だったから、こんな挫折は初めてで、しばらくは次に何をしたらいいのかわからなかった。だけど、この経験は、わたしの人生を変える、ある気づきを与えてくれたの。選挙の立候補には、たいへんな勇気が必要だった。勇敢でなければならず、そして落選しても、「挑戦した」という事実はわたしに残った。居心地のよい、ぬくぬくとした場所を出て、新しいこと、違ったこと、怖いことをやってのけた。それなら、あの何年も前の夕食の時間や学校で怖かったいろいろなものを、もし全部やってみていたら、プログラミングや数学や科学が好きになっていたかもしれない。

　こう考えた瞬間に、わたしはもう一度勇気を出して、世のなかの流れを変えるために、いままで学んだことを活かすときだ、と悟ったの。次の世代の、若い女性たちのために。

　わたしは、女の子たちにプログラミングを教えよう、と決意した。試験的に、ニューヨーク市で12人の女の子のクラスを始めた。友だちが会社の会議室を貸してくれる自信があったから。あとは生徒を募るために、いろんな家に直接

訪ねに行った。みんながどんな反応をするかはさっぱりわからなかった。でも、それがわたしのやらなければならないことだったの。

そしていまでは、「Girls Who Code」は1つのブームを作った。

わたしたちはいま、100もの夏休みのコースと何千もの放課後クラブを、女子中高生のために開いている。すでに、アメリカのあらゆる州で、何万もの女の子に届いているの。

それでどうなったと思う？ わかったのは、女の子は、本当にプログラミングに向いているってこと！ 信じられないくらいすばらしいものを作り出せる。しかも、楽しみながら！

この本では、わたしのお気に入りの作品をいくつか紹介するつもり。どれも実際に女の子たちが作ったもの。女の子が、自分自身をきれいだって思う手助けをするゲームも、音楽のリズムを感知して、ぴったりの照明効果を作れるシステムもある。プログラミングを学ぶことで、あなたがいまいる場所を、より良いものに変えてゆくツール、技術のすごい力を手に入れることができるの。

自分の声、自分の気持ち、自分のスキルを使って問題を解決し、社会の役に立つこともできる。そして、わたしたち一人ひとりにとって、より良い世界を作り始めるの。

　もちろん、友だちもできるし、すばらしい体験が待っている。

さあ、ぼんやりしてる場合じゃないでしょう？

　この本では、プログラミングをする女の子になるにはどうすればいいか、すごいものを作るにはどうすればいいかを教えるつもり。「Girls Who Code」のクラスで学ぶのと同じ、プログラミングの基礎を学ぶことができる。ゲーム、デジタルアート、ロボット、ウェブサイト、モバイルアプリ、オンライン・セキュリティの話題を通じて、プログラミングのやり方を学ぶ楽しさを知り、創作活動の入り口に立つことができる。さらに、信じられないくらいすごい、刺激的な作品をプログラミングしている女性や女の子たちを紹介するわ。あなたが、熱烈に何かを作りたくなって、世界に広がる女の子たちのプログラミングのムーブメントに加わるって、賭けてもいい。

勇気は出た？　さあ、始めましょう！

どうしてプログラミングするの？

　ようこそ！

　そう、この本を読んでるあなた。手にとってくれてありがとう。どうしてプログラミングに興味を持ったの？　もしかして**コンピューター・サイエンス**のことをちょっとは知っていて、もっと学ぶためにはどうすればいいのか知りたい？

　いいね！

それとも、お父さんお母さんとか、おじいちゃんおばあちゃん、先生が「プログラミングは将来の役に立つから習いなさい」って言ってきて、でも自分に向いてるかどうか自信がない？　それもいいと思う。
　それとも、プログラミングのことなんて全然知らなくて、ただ表紙が気に入った？　いいね、それもわたしたちの狙いどおり。
　どんな理由でも、この本を手にとってくれて嬉しいし、それがあなたで嬉しい。わたしたち、いい仲間になれると思うな。

　プログラミングについて、最初に知っておいてほしいのは、それがコンピューターについての話だけじゃないってこと。

　プログラミングをするって、楽しいこと。
　それから、友だちといっしょに協力するってことでもあるの。

プログラミングは、誰でも（男の子じゃなくても）できるもの。
創り出すこと、想像すること、何かすごい発明をすること。
自分の興味がある、どんなものでもいいの。

**本当？
それってどういうこと？**

たとえば、おもちゃの車をロボットに改造したり、犬の散歩のアルバイトのために**ウェブサイト***を作ったり。

宿題やピアノのレッスンの時間を教えてくれる、スマート・ブレスレットを**デザイン**するのはどうかな。陸上の練習中に、区間タイムを計ってくれるアプリもいいね。

次の文化祭の劇のために、音響や照明を身振りで操作できるっていうのはどう？　着てるものに合わせて、LEDの色が変わるヘアアクセサリーは？

どれもできるし、もっとすごいこともできる。プログラミングができるようになればね！

*　**こんな感じ**の単語があったら、162ページからの用語集に説明があるから確認してね。

まだまだ伝えたいことがある。
プログラミングで一番大切な、おどろきのポイントはね……
「問題を解決する」ためのものだってこと！

実際にプログラムを書くのは、考えたり、計画を立てたりする過程のほんの一部でしかないの。考えたり、計画したりする力って、もうわたしたち毎日ちゃんと使っていることでしょう？

じゃあ始めましょう。
　まず、プログラミングって何かわかる人？

> あっ、知ってる！
> それって、コンピューターに
> 何をしてほしいか、
> 伝えるってことでしょう？

そのとおり。
プログラミングは、すごく簡単にいうと、コンピューターに「これをしなさい」って命令を書くこと。

コンピューターに理解できる**プログラミング言語**を使って書くの。どのプログラミング言語を使うかは、コンピューターに何をさせたいかによって決める。

プログラミングができるようになるっていうのは、コンピューターと直接コミュニケーションできる「ことば」を話せるようになるってこと。

> なるほどね。でも、コンピューターに
> 何をしてほしいか伝えるのなんて、
> マウスでクリックしたり、
> いろんなメニューやアプリを選んだりして、
> もうやってるよ？
> どうしてプログラミングが必要なの？

CH.1　G W C　P.18

なんでかっていうと、プログラミングが、びっくりするくらいすごい道具だから。プログラミングという道具があれば、コンピューターを、いままで考えもしなかったやり方で使うことができるの。
　もちろん、いままでだって、コンピューターやタブレット、スマートフォンを使ってきたよね。でもそれって、あらかじめどこかで、プログラマーがアプリやプログラムを考えて、**コード**（プログラム）を書いて、それを動くようにしたものなの。そのプログラマーの書いたコードが、あなたが機械を動かすのに使ってるアイコンやボタンやショートカットを作ったの。
　これが機械を動かす「ソフトウェア」ってもの。でもね、ソフトウェアを使うってことと、コードを書くってこととは違うの。プログラミングができるようになると、誰かが作ったプログラムやアプリをただ使うだけじゃなくなる。自分でそれを作れるようになるの！　一番の友だちの誕生日を忘れないように教えてくれるアプリや、演劇部のウェブサイトだって作れる。

ソフトウェア VS ハードウェア

ソフトウェアというのは、コンピューターを動かすプログラムやアプリケーションのこと。プログラマーが設計して書いたコードの集まりです。
スマートフォンで撮った写真に面白いフィルターをかけるのも、画面のなかで犬を育てたり悪役と戦ったりするゲームも、全部ソフトウェアの仕事です。レポートをコンピューターで書くときの文章作成ソフトもソフトウェアの一種です。

ハードウェアは、コンピューターの「物そのもの」のことです。モニターやキーボード、カメラといったモノを指します。こういうモノは一般に、エンジニアが設計し、組み立てています。
スマートフォンやタブレットも、ハードウェアの1つです。

　プログラミングを学ぶもうひとつの大きな理由は、これまで見たことのない技術を使ったデザインや、新しい仕事を理解するのに役に立つってこと。

コンピューターはほとんど何にでも入ってる。車にも、ゲーム機にも、医療機器にも、洋服にも。電動歯ブラシにだって！

いまはコンピューターに頼って動くわけじゃないものでも、何年後かにはそうなっているってこともあるかも。そして、コンピューターが入っている電子機器はどれもこれも、プログラムにしたがって動作してるの。そのプログラムは、プログラマーが機械に、「何を、どのようにするか」を指示するために書いたもの。

πノ二乗ハ
9.86960440109
……デス

じゃあ、プログラマーって、ほんとに大事な職業なんだね？

そのとおり！ プログラムを書くプログラマーがいないと、コンピューターはただの大きな箱でしかない。最近のコンピューターがどんなにすごいことができるっていっても、ある程度は、人間に命令をされなきゃ動かない機械なの。

コンピューターは何をしているの？

台所の電子レンジについて考えてみて。あたためたいって思っただけで、電子レンジがいきなり勝手に残り物のチーズバーガーをあたため始めることはないでしょう？

電子レンジにお皿を入れて、ドアを閉めて、あたため時間をセットして、スタートボタンを押さなきゃならない。機械は指示された動作をするだけ。最後に、自分であたたまったバーガーを出しておしまい。

この一連の流れ全部は、お腹のすいたあなたが、機械に何をしてほしいかをセットしたから起こったってわけ。
　基本的には、コンピューターはこれとおんなじように動いている。人間が何かを入力して、コンピューターにそれで何かの処理をするように命令して、結果を出力として取り出す。

　ステップはこういう感じ：

入力 ⇒ 処理 ⇒ 出力

　コンピューターに情報を入力するには、たくさんの方法がある。一番わかりやすいのは、この文を入力するのにわたしがいま使ってる道具、「キーボード」を使う方法。
　キーボードは文字や数字を入力するのに使える。出力は、打ち出された文章、たとえば、いまあなたが読んでいるこの本。でもキーボードだけがコンピューターに情報を入力する方法じゃない。
　ペンタブやビデオカメラやマイク、スキャナー、センサーなんかも、コンピューターに情報を入力して、数え切れないほどのいろんなやり方でコンピューターとやりとりするのに使える。
　それから、ここでいう「情報」っていうのは、数字や、Aの名前はB、みたいなことだけじゃない。音楽やビデオクリップ、ペンタブの筆づかい、写真も「情報」っていえる。
　動画編集をしたり、ボーカル音源を操作したり、色を塗ったり、陰影をつけたり、ゲームをアニメーションさせたり、自撮り写真にフィルターをかけたり、それをプロフィールにアップしたりするのにソフトウェアを使うでしょ？　これ全部が、そのプログラムを考え出した誰かのおかげで使えるってわけ。

プログラムは、**入力**された情報を使って、コンピューターが行う内容そのもの。基本的には、コンピューターに依頼してやってもらう仕事、あるいは入力したデータを使ってやってほしい**処理**のこと。**出力**は結果。効果をつけた写真や、Wordの文書や、計算結果や、編集済みの動画や、アニメーションのこと——コンピューターがプログラムを実行したあとに受け取るもののことね。

　いつも使っているスマートデバイスやコンピューターのプログラムが作られるまでは、次みたいな感じかな。
　まずアイデアを思いついたプログラマーが、ほかのプログラマーと協力して、コンピューターで何をできたら嬉しいのかを、しっかり考える。次に、コンピューターを使う人が、どんなふうにそれを操作すればいいかを検討する。それからソフトウェアをデザインして、それを動作させるプログラムを書いて、ちゃんと動くかどうかテストをして、やっと公開！
　こういうプログラマーたちのおかげで、SNSでいろんな種類の絵文字が使えるってことね。

　プログラミングを覚えれば、これと同じことができるようになる。そうして、あなたのなかにはもう、世界を変えちゃうくらい便利で大切なプログラムのアイデアが、山のようにあるはず。
　絵文字についてどう思う？

そのとおり！　それが「プログラムを書く」ってこと！　コンピューターを、自分のために動かす力を持てるの。
　テクノロジーは進化し続けているから、こういうプログラミングの力を身につけることで、次に発明される機器を使うのにも役立ってくれるって点も重要ね。あなたが大学に行く頃に使っているテクノロジーはきっと、いま使っているものとは全然ちがうはず。

いま言ったものがなんなのか、グーグルで検索しないとわからないでしょ！

コンピューター、いまむかし

　テクノロジーがどんなに速く進歩してきたのか知るために、まずコンピューターがどこからきたのかを見てみましょうか。
　コンピューター・サイエンスの分野の、重要な思想家と発明家の何人かは女の人だって知ったら、驚くんじゃないかな。あんまり歴史の本では見ないよね。

　最初の頃のコンピューター（計算機）は、名前からわかるように、計算のために使われていたの。主に数字を扱ってた。計算と作表の道具は、数千年前から世界中のあちこちにあった。初期の文明では、大きな数を記録したり、航海を導いたり、夜空について研究するのに使われていたの。でも、現代のコンピューターに似たものが現れるまでには、何百年にもわたる技術革新が必要だった。

コンピューターの歴史（その１）：初めてのコンピューター

そろばん：
古代バビロニア人によって発明された。
この数珠を連ねた計算道具は、古代世界中に広がり、中国にまで伝わった。
紀元前3000年

キープ：
インカ文明の、数を記録する仕組み。綱に結び目を作って、記録する数を表す。
1400年

紀元1年

紀元前35,0000年 −紀元前20,000年
レボンボの骨とイシャンゴの骨：
アフリカで発見された。これらの刻み目のついたヒヒの骨は、知られるなかで最も古い計算の道具。

紀元79年
アンティキティラ島の機械：
古代ギリシアで、月と天体の運行を計算するために使われた※1。

※1　このように推測されています。

1622年
計算尺：
ウィリアム・オートレッドによって発明された。この器具は、数学的計算をすばやく行う「対数」という仕組みを発明したスコットランド人数学者のジョン・ネイピアの理論に基づいて作られている。この器具はなんと、数百年後に、電子計算機が発明されるまでずっと使われ続けた。

すべて機械式の、数字での入力を受け付ける世界初のコンピューターは、1822年にイギリスの数学者でありエンジニアのチャールズ・バベッジ（Charles Babbage）よって作られた。彼の考えたその「階差機関」という機械は金属の歯車とレバーでできていた。

　当時は、ほとんどの人が海運業や、製造業や、銀行の業務のためのすごい量の計算を、紙に印刷した大きな計算表に頼って行っていたの。それは求める答えを調べ出すのにすごく時間がかかったし、間違いだらけだった。送る荷物の重量や、大きな金融取引の計算に使いたいものではないよね。バベッジの計算機械は、こういう問題を、速さと正確さの両方から解決しようとするものだった。

　この機械が完成することはなかったけれど、その設計は時代を変えたの。バベッジはその設計を、さらに進んだ機械、「解析機関」の構想にも使った。解析機関の設計は、現代のコンピューターが目指すものの基礎になっているのよ。バベッジの機械は世のなかに、計算を素早く正確に、人間のミスが入ることなく行う機械の必要性を示したの。

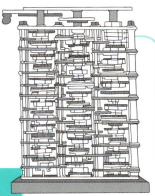

計算する時計：
ドイツの思想家ヴィルヘルム・シッカートによって造られた、最初の機械式計算機。6桁の足し算と引き算ができ、天体の運行の計算に使われた。
1623年

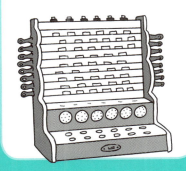

パンチカード・システム：
ジョゼフ・マリー・ジャカードによって発明された。この仕組みは、オルゴールや自動演奏ピアノ、勘定機、機織り機といった様々なものを自動化した。
1801年

階差機関：
チャールズ・バベッジによって設計され、部分的に作製された。現代のコンピューターの前身にあたる。
1822年

1674年
機械式計算機：
ドイツの哲学者ゴットフリード・ヴィルヘルム・ライプニッツによって発明された。足し算、引き算、割り算ができる[※2]。

1820年
アリスモメーター：
チャールズ・ザビエ・トーマスによって発明された、初の量産型の計算機。

※2　掛け算もできたようです。

世界初のプログラマー
エイダ・ラブレス (ADA LOVELACE)

　オーガスタ・"エイダ"・バイロン・ラブレスは、イギリスの有名なロマン主義詩人、バイロン卿の娘です。けれどそれが、現在でも彼女が有名な理由ではありません。彼女は、世界で初めてのプログラマーだと考えられているのです。彼女はすばらしく頭脳明晰なだけでなく、その時代の女性として型破りでした。12 才のとき、エイダは蒸気機関で動く飛行機械の詳細な設計図を作りました。17 才のとき、チャールズ・バベッジに出会いました。それ以来、バベッジは彼女の一生涯の友人、そして助言者となりました。

　1843 年、エイダが 27 才のとき、バベッジは彼女に「解析機関」の設計についての覚え書き集を出版してほしいと頼みました。この、どのようにその機械を使うかについて書かれた覚え書きの 1 つに、エイダはその詳細な操作手順も含めました。当時は誰も気づきませんでしたが、この、計算のためにどのように解析機関を「プログラム」するか、という手順が、世界で最初のコンピュータープログラムとなったのです。現在では、人工衛星をコントロールするプログラミング言語には彼女の栄誉をたたえ、「Ada（エイダ）」という名前がついています。

電子計算機（コンピューター）

　電子計算機が完成して、バベッジがはるか昔に夢見たことが叶うには、それから 124 年もの歳月と、ひらめきと発明、試行錯誤とテクノロジーの進歩が必要だったの。ENIAC（エニアック、The Electronic Numerical Integrator and Computer）がそれ。世界最初の、機械的な可動部品に頼らずに電子的に計算できる、完全に機能する汎用電子計算機（ふぅー、噛まずに言えた！）。ペンシルバニア大学の J. プレスパー・エッカート（J. Presper Eckert）とジョン・モークリー（John Mauchly）が、主に第二次世界大戦中に、アメリカのために組み立てたものね。面白い話があるの。歴史家は、ENIAC が動いていた 10 年間に、それまで人類が歴史上で行ったすべての計算よりも、たくさんの計算をしたんじゃないかって言ってる。すごい量よね。

女性たち、ほんものの「コンピューター（計算する人）」

　ENIACはコンピューターに関するすごい発明だったけど、ほとんど知られていない事実がある。それは、実際にENIACをプログラミングしていたのは、6人の女性のチームだったってこと。ENIACで計算を行うためには、毎回高い技術を持った彼女たちが手動でデータを入力して、パンチカードの読み込みとスイッチの設定と、ケーブルの接続をする必要があったの。この技術は、まだ誰もやったのことないことだった。彼女たちは、仕事としてそれをやっていくうちに、この手順を発明していったの。これって、信じられないくらいすごいこと。歴史のなかの他のすばらしい女性たちと同じように、当時、その新しい分野を切り開いた功労者として、彼女たちの名前が記されることはなかった。

　だから感謝を込めて、ここにその名前を挙げる。

　　フランシス・バイラス・スペンス（1922-2013）
　　ジーン・ジェニング・バーティク（1924-2011）
　　マリーン・ウェスコフ・メルツァー（1922-2008）
　　キャサリン・"ケイ"・マクナルティ・モークリー・アントネッリ（1921-2006）
　　フランシス・エリザベス・"ベティ"・ホルバートン（1917-2001）
　　ルース・リターマン・タイトルバウム（1924-1986）

> えっ、そんなたくさんの女性が1つのコンピューターのプログラミングにかかりきりなら、彼女たちしかコンピューターを扱えなかったんじゃないの？

いい視点ね。そう、よく訓練を積んだプログラマーしか、初期のコンピューターは扱えなかった。そのことはだんだん問題になってきたの。コンピューターが本当に便利に使えるようになったのは、家や職場に置いておけるくらい小さくなって、誰でも扱えるようになってから。

月へ向かって

1969年、人類はすごいことをやってのけた。38万キロメートルもの宇宙の真空を超えて、初めて月面に降り立った。それには、いまの電卓くらいのパワーを持ったコンピューターが使われたの！　そのパワーがどれだけ小さくても、NASAの月着陸船に搭載されたアポロ誘導コンピューターは、コンピューターの技術開発にとって非常に大きな革新だった。

当時それは、地球上で（地球から離れても）一番小さなコンピューターの1つだった。NASAとマサチューセッツ工科大学（MIT）のエンジニアは、冷蔵庫7つ分くらいの大きさだったコンピューターを、たった7.7キログラム程度に軽くして、だいたい電子レンジのサイズに収めたの。

コンピューターの歴史（その2）：パーソナル・コンピューティング

ENIAC（エニアック）:
デジタルコンピューターの祖と一般的に認識されている。この機械は6メートル×15メートルの広さの部屋いっぱいの大きさがあって、1万8千個の真空管を使っていた。
1943-1944年

COBOL（コボル）:
英語に似た文法で書ける、初めてのプログラミング言語。のちにFORTRAN（フォートラン）へと進化した。
1953年

アポロ誘導コンピューター:
これらの機器が、コンピューターとその処理を、はるか遠く（月まで！）進歩させた。

Unix（ユニックス）:
ベル電話研究所で開発されたオペレーティング・システム。
1969年

1947年
トランジスター:
ベル電話研究所が発明した。これによって、より小さな電子回路を作ることが可能になり、パーソナル・コンピューターへの道が開かれた。

1975年

IBM（アイビーエム）5100:
キーボードとモニター、組み込みのストレージ（補助記憶装置）を備えた、世界最初の現代的なデスクトップ・コンピューター。

マイクロソフト:
ビル・ゲイツとポール・アレンが創立した企業。

しかも、こちらのほうが重要なんだけど、そのコンピューターでは、宇宙飛行士が単純な名詞と動詞を組み合わせたコマンド（命令）を打ち込むことができた。コンピューターに何かをさせるのに、プログラマーが必要なかったの。このコンピューターから、人はプログラムをすべて組みあげなくても、用意されたコマンドを使って機械をコントロールできるようになった。

〈個人向けのコンピューターの利用〉のはじまり

Apple（アップル）・コンピューター：
スティーブ・ジョブズとスティーブ・ウォズニアックが創立した企業で、彼らの初めてのコンピューター Apple I（アップルワン）を発売した。
1976年

IBM パーソナル・コンピューター：
IBMが、マイクロソフトのDOSオペレーティング・システムによって動くコンピューターを発売。
1981年

ワールド・ワイド・ウェブ（WWW）が発明される。
1990年

1977年
Apple II（アップルツー）：
このコンピューターの発売によって、手ごろな価格の、大量生産されたコンピューターが一般消費者に届くようになった。

1985年
Windows（ウィンドウズ）：
マイクロソフトが新しいオペレーティング・システムを発売。アメリカオンライン（AOL）が設立される。

1988年
世界初の折りたたみ可能ノートパソコン：コンパック社から発売された[※3]。

※3　一般的には、1982年のGRiD Compass 1101が世界初の折りたたみ可能なノートパソコンとされています。

男性にとっては小さな一歩だが、
女性にとっては大きな一歩！
マーガレット・ハミルトン
(MARGARET HAMILTON)

女性の数学者、マーガレット・ハミルトンを知っていますか？ アポロ計画に使われた2つのコンピューターのためのソフトウェアを作った女性です。

彼女は「ソフトウェア工学」という言葉を作って、それに関する職業を新しく発明しました。アメリカが1960年代にアポロ月面着陸計画に着手したとき、コンピューター・サイエンスの分野はまったく存在していませんでした。また、宇宙船に搭載されるコンピューターを動かすソフトウェアもありませんでした。ハミルトンとそのMITの同僚が、そのソフトウェアを発明したのです。人類初の月面着陸を安全に行うためには、彼らの仕事は必要不可欠でした。そしてその後には、40億ドル（およそ4189億円）の世界規模の産業の基礎となったのです。

コンピューターの歴史（その3）：インターネットの夜明け

eBay（イーベイ）とAmazon（アマゾン）創立。
1995年

カメラ付き携帯電話：京セラやソニーから発売された。
1999〜2000年

Facebook（フェースブック）創立。
2004年

YouTube（ユーチューブ）がサービス開始。
2005年

iPad（アイパッド）：アップルが最初のモデルを発売。
2010年

2017年以降
あなたが何かすごいことを発明する！

1998年
Google（グーグル）創立。

2001年
Wikipedia（ウィキペディア）創立。

2002年
BlackBerry（ブラックベリー）：この携帯機器により、eメールが24時間どこでも使えるようになった。

2007年
iPhone（アイフォーン）：アップルが最初のモデルを発売。

いまの、わたしたちの世界

　人類が月に降り立ってから10年もしないうちに、世界初の、手ごろな価格の大量生産されたパーソナル・コンピューターが手に入るようになり、コンピューターの力は一般消費者のもとまで届くようになった。コンピューター関連技術のひっきりなしの進歩は、コンピューターをどんどん小さく、速くしていった。無線と携帯電話の技術によって、いまあなたが知っているような世界、そう、地球の裏側の相手と、ポケットに入る大きさの機械でリアルタイムにビデオチャットができるような世界が訪れたの。

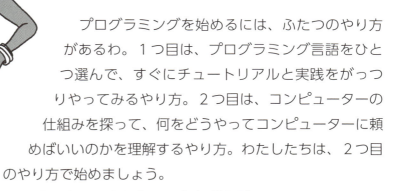

　プログラミングを始めるには、ふたつのやり方があるわ。1つ目は、プログラミング言語をひとつ選んで、すぐにチュートリアルと実践をがっつりやってみるやり方。2つ目は、コンピューターの仕組みを探って、何をどうやってコンピューターに頼めばいいのかを理解するやり方。わたしたちは、2つ目のやり方で始めましょう。
　それから、ちょっとしたヒントをどうぞ：
　コンピューターは賢いけど、サンドイッチを作るのは得意じゃないの。

コンピューターと話をする方法

　コンピューターは「考える機械」「電子頭脳」なんて言われることもある。でも実際には、仕事をこなすにはたくさんの手助けがいるの。コンピューターは、命令どおりに動くことはとっても得意。だけど、自分自身で考え続けるってことはできない。
　ということは、人間がコンピューターに何かをするように依頼するときには、その命令はとっても細かく正確じゃなければダメってこと。

ピーナッツバターとジャム現象

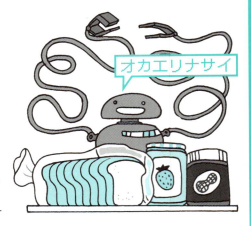

想像してみて。学校から帰ると、台所にはわが家のロボットが立っていて、命令を待っている。すてきでしょ？ あなたはお腹がへっていて、そのロボット（名前は「びっくりロボ3000」、略して「ロボ」にしましょうか）に、ピーナッツバターとイチゴジャムのサンドイッチを作ってくれるように頼むとする。

ロボは機械っぽい声で答える。「モット　命令ガ　必要デス」サンドイッチの材料はみんな台所のカウンターにそろっているから、あなたはこう言うでしょう。「OK、カウンターに行って、パンをとって、ピーナッツバターとジャムをパンに乗せて、わたしのところに持ってきて」

そこでロボはカウンターにゴロゴロ向かい（車輪で動くって言い忘れてたかも）、ピーナツバターとジャムの瓶を取り上げ、その2つを袋に入ったままのパンの上に乗せるというわけ。

コンピューターは本当に「文字どおり」にしか動かない。もしロボに、ちゃんと食べられるサンドイッチを作ってほしかったら、こんなふうに命令をする必要があるの。「パンを見つけて、袋を開ける。ふた切れを取り出す。カウンターの上にそのふた切れを平らに並べる。60cm右に移動する。引き出しを探しあてる。引き出しを開け、ナイフを取り出す。引き出しを閉める。60cm左に移動する。ピーナッツバターを探し出す。瓶の蓋を開ける。ナイフをピーナッツバターに差し入れて……」

わかってくれたようね。

プログラミングを始めるには、もちろんプログラミング言語を知らなければならない。でもそれと同じくらい、コンピューターがどんなふうに考えるかを理解する必要

があるの。それがわかれば、コンピューターにやってほしいことをやってもらうのに、正しい形の命令を与えることができる。

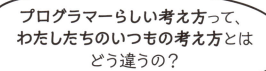

　実は、そんなことないの。一度**プログラマーらしい考え方**※1のコツをつかめばね。プログラマーらしい考え方の基本は、コンピューターがどのように計画を立てて問題を解決し、データを分析するかというのをきちんとなぞってそのとおりにすること。一度コンピューターが情報をどうやって処理するのかを理解すれば、コンピューターのできることとできないことがわかる。そうすれば、プログラミングはずっと簡単になるはず。

　わたしたち人間の脳は、まわりの世界から情報を集めて、とても複雑な処理をこなしている。たとえば想像力を働かせたり、問題を解決するためのアイデアを思いついたり、言葉や身ぶりから相手の気持ちを察したり。こういったことは全部、まだコンピューターにはうまくできないこと。

　でも、コンピューターは人間の知的活動のなかでも、絶対外せない処理のうちのいくつかについては、すばらしい仕事をする。

※1　原著では computational thinking となっています。日本では、これに似た概念として「プログラミング的思考」を文部科学省が打ち出しています。

1つ目は、記憶すること。コンピューターは与えられたすべての情報を覚えておき、検索のプログラムを使って、必要なものを取り出すことができる。あなたも多分たくさんのことを覚えてるはず。仲良しの子の誕生日や、好きなアイスクリーム屋さんへの行き方をね。でもコンピューターは膨大な数のものごとや図形、数字、写真、映像、ゲーム、本を記憶しておくことができる。

いま現在、エンジニアたちは本にして並べると約365,000km分の情報を格納できる記憶容量のスーパーコンピューターを開発してる。

これって、アメリカを65回横断できるだけの本の量！

　コンピューターが得意な活動の2つ目は、繰り返し。わたしたち人間も、繰り返しならいつだってやっている。繰り返し（慎重に、同じことを同じ形でなんどもやる）っていうのは実際、何かを身につけようとするときの、かなりの部分を占めている方法よね。たとえばテスト勉強だったり、劇に出るときにセリフを覚えたり。

　コンピューターは繰り返しからは何も学ばない。人間がやるようにはね。でもコンピューターは、学習とは関係なく、繰り返しがすごく得意なの。コンピューターは計算や仕事を何百回だって、疲れもせず、退屈もせず、間違えもせずにやってのける。朝、スマートフォンがあなたを起こす様子を考えてみて。ジリジリ鳴りながら、起きる時間を教えてくれるやつ。アラームは学校のある日は毎日、同じ時間に鳴り続ける。これが、スマートフォンのなかのプログラムが繰り返しを行っている、ってこと。あなたがちょっと迷惑に思っていてもね。

　もう1つコンピューターが上手にできることに、ものごとの判断っていうのがある。わたしたちが人生をかけて行う、「どんな職業の道に進もうか」とか、「片想いのあの人に、気持ちを伝え

るべきか」とかいった判断とは違うものよ。コンピューターがするのは、「上がるか下がるか、オンかオフか、チョコレートかバニラか」みたいな単純な判断。でもこういった単純な判断が、きちんとした形に積み上げられることで、すべてのコンピュータープログラムの重要な部分を担うの。

　車やスマートフォンのGPS（全地球測位システム）について考えてみて。行きたい住所を入力すれば、GPSを使ったナビゲーションのプログラムは目的地までの使える道筋についてのたくさんの情報に基づいて、右に行くか左に行くか、どの道を通ったらよいかを決めてくれる。

　こういう仕事、記憶と繰り返し、単純な判断は、プログラマーらしい考え方の基盤になる。そして、これらを駆使してうまく組み立てられたら……。

> みんな、プログラミングの調子はどう？

　でもこれらの仕事を、でたらめにコンピューターに頼むわけにはいかない。ルールに従って、コンピューターが理解できるやり方にまとめる必要がある。プログラミング

コンピューターがどうやって
動作しているかを思い出してね

入力 ⇒ 処理 ⇒ 出力

をするっていうのは、プログラミング言語でコンピューターに命令を書くこと、っていうのはもう話したよね。英語、フランス語、スワヒリ語、ヒンディー語なんかと同じで、プログラミング言語にもルールがある。そのルールにしたがっていれば、何を言っているのかみんなに通じるというものね。めちゃくちゃな順番で単語を並べても、誰もわかってはくれないでしょ？　さもないと、スターウォーズのヨーダの話し方みたいに、言葉の順番がおかしくなっちゃう。

==「データ」はコンピューターに入力して、それを使って仕事を片付けたり、計算したりするための、あらゆる情報のこと。==

==「ロジック」はコンピューターに、それにしたがって情報を取り扱ってほしいルールのこと。==

これはプログラミングでも同じこと。というか、プログラミング言語は、しゃべり言葉よりもっと明確で、誤解の余地がないようになってる。だから、いろいろなプログラミング言語を使って、それぞれの方法でプログラムが書けるけれど、どのプログラミング言語にも共通する基本の要素があるってわけ。こういった要素は、きっちりしたルールに基づいて並べないとだめ。コンピューターにやってほしいことを、コンピューターが理解できるやり方で書き記すためのルールね。

情報を覚えておくことと、繰り返し、判断をコードのなかでどのように書くか、ちょっと見てみましょうか。

変数：覚えてほしい情報を入れるもの

プログラミングをするとき、コンピューターに覚えてほしい情報を入れる物を**変数**と呼ぶ。変数は、情報を保存しておける入れ物みたいなものよ。

あなたには、スクラップブック、裁縫、絵、コラージュ作り、ヘアスタイリングみたいな趣味ってある？

変数はいろんな部品や材料をしまっておけるお道具箱みたいなもの。現実でも、それぞれの箱に何を入れたかラベルを貼るでしょう？　「ボタン」「ビーズ」「クレヨン」「髪ゴム」みたいに。それって、必要なものをすぐに見つけ出すための方法だよね。変数に名前をつけるのも同じこと。中身は変わるかもしれない、でもラベルを貼った箱は変わらない。プログラミングでは、変数を使って、「変」化するあらゆる種類のデータを、ほかと区別して保存しておくの。

　変数に入れられるのは、数値、**文字列**と呼ばれる短い文章や数字の並び、それから**真偽値**とよばれる本当（真）か間違いか（偽）の値もある。変数に保存（プログラミング用語で「代入」）できる情報をいくつかここで見てみましょう。

　　　variableName = value;
　　　変数名（variableName）に値（value）を代入する。

数値：変数には数の値が入る。

　　　currentAge =12;　　　　　　daysLeftOfSchool = 234;
　　　現在の年齢に 12 を代入する。　　学校の残り日数に 234 を代入する。
　　　costOfIceCream = 2.50;　　　stringLengthInches = 7;
　　　アイスクリームの値段に 2.50（ドル）を代入する。　ヒモの長さに 7（インチ）を代入する。

テキスト：変数には、長い文字列であるテキストも保存できる。テキストは引用符（"）で囲むこと。

　　　mentorsName = "Leira";　　　dayOfTheWeek = "Friday";
　　　先輩の名前に「レイラ」を代入する。　曜日に「金曜日」を代入する。
　　　favoriteSong = "Don't Stop　　statusUpdate = "I'm so excited
　　　Believin'";　　　　　　　　that I'm learning to code!!";
　　　お気に入りの歌に「Don't Stop Believin'」　いまの気分に「気分が上がってプログラミ
　　　（曲名）を代入する。　　　　ングを覚えられそう！」を代入する。

真偽値：変数は「真（true）」と「偽（false）」の値も入れておける。この 2 つは、「判断」を行うときにとても便利に使える。

　　　isWeekend = true;　　　　　brotherIsAwake = false;
　　　週末かどうかに真を代入する。　兄は起きているに偽を代入する。
　　　loggedIn = true;　　　　　　stillHaveString = true;
　　　ログイン済みに真を代入する。　ヒモはまだあるに真を代入する。

ループ：繰り返すこと

　ループは、コンピューターに何かを繰り返し行うように指示するコード。目覚まし時計が毎日同じ時間に鳴るように、ループはプログラムのなかで、処理を繰り返し行う仕組みのこと。

　たとえば箱からビーズを取り出して、ネックレスを作ることを考えて。ビーズをこのパターン■♥●◆でつなげて、それを繰り返したい。同じパターンを何度も何度も繰り返すのが、ループってこと。プログラムのなかでループを書いたら、コンピューターに「どんな条件でループが終わるか」または「何回繰り返すか」も伝えないとだめ。それを忘れて終わらないループを作ってしまうことが時々あって、

ステップ1：パターンを考える

ステップ2：ビーズがなくなるまで、ヒモにパターンどおりにビーズを通すことを繰り返す※2

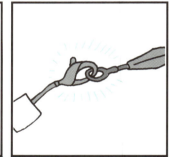

ステップ3：端に留め具をつける

※2　実際にビーズ作品を作るときは、「長さを決めて、その長さまで作る」という条件になるのが一般的ですね。

そういうのは「無限ループ」って呼ばれる。さっきの例だと、世界で一番長いネックレスを作るはめになるってわけ！

条件分岐：判断の基準とその時の動きを決めること

　条件分岐は、コンピューターに何かを判断させる必要があるときに使うもの。あなたもいつもやってるんじゃないかな。大人がこんなふうに言うのを聞いたことがあるでしょう？「もし宿題が全部終わっているなら、テレビを見てもいいよ」とか。この、「もし〜なら」っていう条件が、何かをしたり、何かを判断するための言葉なの。

　プログラミングでは、この条件分岐を設定するために、if（もし）の書き方を使う。何かを判断するためのこういう言い方、いつも日常でも使っているでしょ？「もし家を出るときに雨が降っているなら、そのときは長靴を履いていく」、「もし学校から帰ったときにお腹がすいているなら、そのときはお菓子をたべる」なんてね。ちょっとやってみましょうか。毎日の生活で、条件分岐を使ってる場面を考えてみて。

　　　もし（if）〜 なら、そのときは（then）〜 。

もしソフィアのためにネックレスを作るなら…

ハート形のビーズを使います

だって、ソフィアはハートが好きだから

　ある条件に合わないときだけ何かが起こってほしいってことも時々ある。そのときには、else（そうでなければ）って表現を使って。「もし家を出るときに雨が降っているなら、そのときは長靴を履いていく。そうでなければ、スニーカーを履いていく」、「もし学校から帰ったときにお腹がすいているなら、そのときはお菓子をたべる、そうでなければ、すぐ宿題を始める」となる。if（もし）と、場合によっては else（そうでなければ）が、条件分岐を作るの。

もしネックレスを誰かほかの人のために作るなら

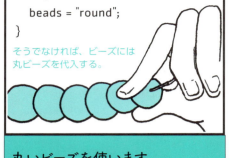
丸いビーズを使います

みんなそれが好きだから

　変数、ループ、条件分岐は、プログラムを書いてコンピューターにやることを指示するときに、一番基礎となるパーツの一部。ゲームを作るにしても、SNSのサイトを作るにしても、これがなくちゃ始まらない。

　どれくらい大事かって、次の章で説明する「関数」と併せて、わたしたちはコンピューター・サイエンスの「4つの大事なこと（CORE4）」と呼んでるくらい。これらが理解できたら、実際にわたしたちが生活のなかでやっていることを、コンピューターが理解できるプログラムでおおまかに記述することができる。

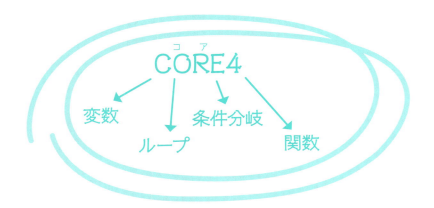

つまりそんなふうに、プログラミングでものづくりが始められるってわけ。

まぁ、実際はもうちょっと複雑だけど、この3つはプログラムのかなりの部分の基礎になっているの。ウィキペディア、Instagram（インスタグラム）、WhatsApp（ワッツアップ、LINEのようなメッセージサービス）だって変数、ループ、条件分岐を使ったプログラムで動いてる。次の章で、使い方を見てみましょう。そこでタコスがかかわってくるってわけ。

おまけ
ニワトリはどうして道を渡り続けたのだと思う？※3
それは、無限ループをプログラミングしちゃったから！

※3　アメリカ版大喜利の定番テーマです。

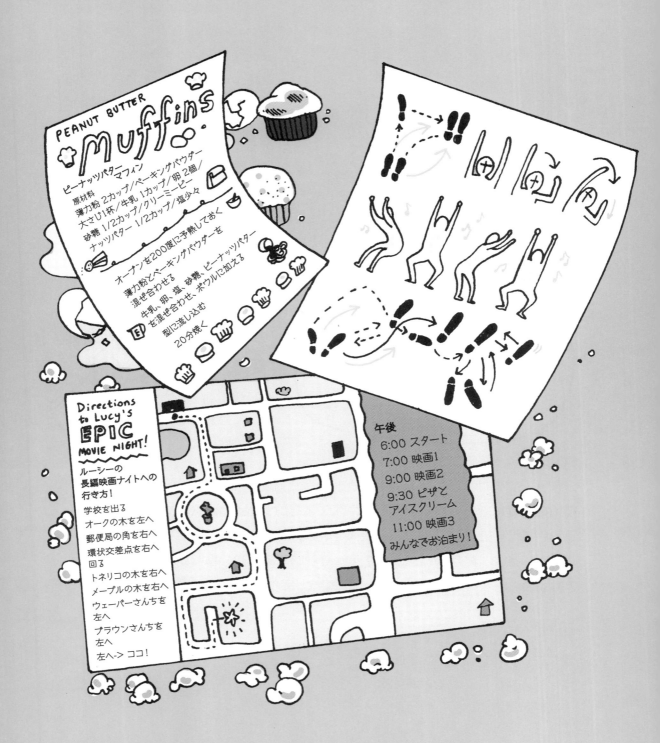

ひとつにまとめる

　もしこの本を手に取る前に、プログラミングについて聞いたことがあるなら、きっと**アルゴリズム**って言葉を耳にしたはず。この大げさで、謎めいた感じの単語は、インターネットで検索ができたり、ネットショッピングサイトでおすすめ商品を出したりする、呪文みたいに聞こえるかもね。でも、アルゴリズムって、コンピューター・サイエンティストのためだけのものじゃないの。ほんとはみんな毎日の生活で、1日に何回もそれと気づかず使っているはず。

アルゴリズムは簡単に言うと、順番に並んだ命令で、それにしたがっていくことである仕事が完了するものよ。
　マフィンのレシピはアルゴリズム。ダンスの振り付けも、友だちの家への道順もアルゴリズム。毎朝、起きてから家を出るまでの決まった流れもそう、アルゴリズムは特別なものじゃない。

　朝ってこんな感じだよね？　目を覚ましたら、ベッドから出る、歯を磨く、服を選ぶ、着替える……最後に靴を履いて上着を羽織って、ドアから出て行く。だいたい毎日、このアルゴリズムにしたがって動くことで、「服を着て学校へ向かう」っていういつもの結果を得ているってわけ。

　朝の支度のアルゴリズムは簡単そうに見える。半分眠りながらできるくらいに。でも、実はそのなかに、すごく細かい手順がたくさん含まれてる。靴下を履いて靴を履いて、靴ひもを結ぶだけでも、処理として考えると、いくつものステップがあるの。

前の章に出てきた、ロボのことを考えてみて。ロボは、ピーナッツバターとジャムのサンドイッチを作るだけでも、そのアルゴリズムを細かく小さくかみ砕いていったら、本当はすっごく複雑なんだって教えてくれた。でもアルゴリズムがあれば、誰にでも、それこそ言われたとおりのことしかできないロボットでも、指示にしたがっていけば仕事を達成できるようになっている。まるでわかりやすい道案内の地図みたいにね。

> じゃあ、部活の走り込みの前の準備運動とか、靴を履くとか、髪を洗うとか、いつでもアルゴリズムを使ってるってこと？

　そう、しかもそれだけじゃない。世界で一番精密にプログラムされたアルゴリズムだって、毎日いくつかは使ってる。グーグル検索を使うときや、スマートフォンでこの辺の天気を見るとき、YouTube（ユーチューブ）や Netflix（ネットフリックス）みたいな動画配信サービスやネットショップで、これまでの視聴履歴や購入履歴からカスタマイズされた「オススメはこちら」を見るとき。そこにある情報は、プログラマーによって設計され、プログラミングされた複雑なアルゴリズムを使って見つけ出されて、あなたのもとに届く。

『となりのトトロ』が気に入ったなら、こちらもオススメ：

> ってことは、プログラムって、アルゴリズムをコンピューターにわかるように書いたものなんだ。

　完ぺきに 100% そのとおり。プログラムのなかのアルゴリズムは、コンピューターに実行してほしい命令を組み合わせてできたもの。アルゴリズムっていうのはプログラムそのものじゃなくて、1 つの仕事をこなすための手順を書いたものなの。これをプログラムに落とし込んでいく。

　コンピューターが記憶、繰り返し、単純な判断が得意っていうのは、もう知っているよね？　アルゴリズムは、こういったそれぞれの仕事を、コンピューターが結果を出せるように一連の流れにまとめたものなの。これがつまり、プログラミングってこと。やりたいことによって、それに合ったプログラミング言語を使えばいいの。

　そろそろ、毎日の生活のなかから何か例を見つけて、それをアルゴリズムとして書き出してみるっていうのをやってみない？　変数、条件分岐、ループをきちんとつかうのに、アルゴリズムが必要だってわかるはず。どんなのがいいと思う？

> お昼に何を食べたらいいかを選ぶアルゴリズムは？

　最高。じゃあそれを、ランチ行列アルゴリズムって名前にしましょう。レイラ、ホワイトボードに書いてくれる？

これはちょっとしたアルゴリズムの一例でしかないけど、もしやりたいなら、全学年の全生徒に対して、別々の食べ物でそれぞれのアルゴリズムを作ることだってできる。どんなに大きくて、複雑なアルゴリズムを作っても、基本のステップはいまと同じよ。

　ランチ行列アルゴリズムが、**擬似コード**ではどんなふうになるか見てみましょうか。擬似コードっていうのは、どんなプログラムになるかを、日本語とか、いつも使っている言葉で書いた文章のこと。正確な命令の形で書くの。

もし ルーシーがタコスを注文したら：
　　タコスがいっぱいになるまで：
　　　　学食の人は具を詰めて渡す。
そうでなければ：
　　学食の人はピザを渡す。

学食の人はルーシーにアップルジュースと
バナナを渡す。

　きれいな形の擬似コードじゃない？　これは、まず自分の使っている言葉でプログラムを表現してみて、それから実際に動くプログラムに移し替えてみるやり方よ。
　どうかしら。

D.R.Y.
<small>ドライ</small>

　ここに、繰り返しを書いた擬似コードがある。いつでもタコスにチキンとアボカドの具を詰めるプログラムね。繰り返しのプログラムは、しょっちゅう書くことになる。おんなじことを何度も繰り返しやってほしいって頼む場面はいくらでもあるから。

　でも、何度も何度も同じプログラムを書く必要はないの！　これは「DRY の法則」といって、プログラマーが最初のほうに習得すること。水泳のあとに髪を乾かす「ドライ」じゃない。この **D.R.Y.** は「Don't Repeat Yourself（同じことを繰り返し書かない）」の略。

　良いアルゴリズムと良いプログラムを書くポイントは2つ。1つは「間違いようがないこと」。ロボのサンドイッチの作り方みたいにね。もう1つは「効率がいいこと」。プログラムを単純に、はっきりと、無駄のない状態にしておくこと。ラッキーなことに、そのための近道がいくつか用意されてる。

ランチ行列のループ

　さっき考えたランチ行列のアルゴリズムでは、ルーシーはいつも同じ具を頼むことになってる。だからプログラムも毎回同じよね。

　3つのタコスにチキンとアボカドを詰めている。実際のプログラムでは、このパターンだとこんなふうになるはず：

`taco1.fill("chicken")`
タコス1にチキンを詰める。
`taco1.fill("guacamole")`
タコス1にアボカドを詰める。
`taco2.fill("chicken")`
タコス2にチキンを詰める。
`taco2.fill("guacamole")`
タコス2にアボカドを詰める。

taco3.fill("chicken")
タコス 3 にチキンを詰める。
taco3.fill("guacamole")
タコス 3 にアボカドを詰める。

あらら、たくさんのプログラムを書かないといけないみたい。ルーシーがタコスを食べるごとに何回もプログラムを書くかわりに、ループで書いて楽をしてしまいましょう。

for each taco in lucysOrder:
ルーシーの注文のそれぞれに以下を繰り返す。
　　taco.fill ("chicken")
　　タコスにチキンを詰める。
　　taco.fill ("guacamole")
　　タコスにアボカドを詰める。

これで、3 つのタコスにいつも同じ具を詰めるのに、3 行書けばよくなった。でも、もし違う具をそれぞれに詰めたくなったら？ 「関数」を使ってみよう！

関数

変数・ループ・条件分岐と並ぶ CORE4 の 4 番目のメンバーは「関数」。大きなプログラム全体のなかで、特定の仕事をする小さなプログラムのまとまりのこと。いろんな理由で関数を作るけど、一番よくある理由は、同じプログラムを何度も何度も書くのを避けるためね。

関数の内容を書いてそれに名前をつけるだけで、使いたいときにいつでも、その名前を書けば呼び出すことができるの。プログラムのなかの、名前を書いて呼び出した場所で、関数の内容は実行される。
　ショートカットアイコンを作ったみたいなものと思って。それを使えばプログラムのなかで毎回命令を書く必要がなくなって、自動で仕事が実行されるってわけ。

> 洗濯物をたたんでくれる
> **関数があればいいのに！**

　自動洗濯物たたみ機を開発したくなるのは十分わかるけど、しばらくはランチ行列アルゴリズムに戻って、プログラムのなかで関数がどのように動くか見てみましょう。

関数を定義する

　どんな関数も、まずは定義するところから。名前をつけましょう。名前がなければ、使いたいときに、使いたいコードのまとまりがどこにあるのか見つけ出すことができないからね。
　名前は間違いようのない、内容がはっきりとわかるものがいい。そうね、この場合は、「fill_my_taco（タコスに中身を詰める）」関数と名づけましょう！名前をつけたら今度は、プログラムの内容を書かなくちゃ。関数を、**引数**を受け取るものにする場合もある。
　引数は、関数のなかで使う小さな変数みたいなもの。関数のなかで使える名前のついた、外から受け取るデータってことね。つまり引数は、関数を使うその時々で内容が変わる情報をもつことができるの。

こんな感じのプログラムになりそうね：

def fill_my_taco(taco, item1, item2):
タコスに具1、具2を詰める関数を定義する。
   taco.fill(item1)

   taco.fill(item2)

引数は（ ）の内側のもの。この fill_my_taco 関数では、タコスに別々の2つの具が詰められるってこと。

関数を呼び出す

関数の中身を組み立てたら、あとはプログラムのなかで実際に使うだけ。これは重要なステップよ。定義して、中身を組み立てるだけじゃだめ。必要な時、必要な場所で、コンピューターに対してそれを使うように指示する必要がある。使いたい場所で、関数の名前を打ち込むだけでいい。これが関数の「呼び出し」っていわれるもの。

関数の呼び出しはこんな感じになりそうね：

fill_my_taco(taco1, "chicken", "guacamole")
タコスに具を詰める（1つ目のタコス、チキン、アボカド）。

もし別の具をほかのタコスに詰めたかったら、こうよ！

fill_my_taco(taco2, "tofu", "salsa")

fill_my_taco(taco3, "beans", "vegetables")

これで3種類のタコスができたってわけ。いろんな種類があるわね！

　関数は、プログラムを使う側としては、ボタンやショートカットを想像するといいかもね。ワードの「印刷」ボタンとか、ウェブブラウザーの「戻る」ボタンとか。
　アプリを使ってる時にそういったボタンを押すと、それはプログラムのなかの（印刷や戻るといった）関数を呼び出して、その中身が実行されるってこと。

ライブラリ

　関数は、実際にプログラミングを始めると、時間の無駄をすごくはぶけるもの。そして、そういったショートカットの機能があるものは、関数だけじゃない。ライブラリも、プログラマーにとっては重要な道具になる。ライブラリといっても本を探しに行く、あなたの町の図書館（ライブラリー）のことじゃないの。プログラムのライブラリは、ほかの人が以前に書いた便利なアルゴリズムやプログラムが、誰でも自分のプログラムのなかで使える形にまとめられたもの。
　このライブラリのおかげで、プログラマーはさまざまな種類の便利なプログラムを手に入れることができる。

たとえば、

★ 検索アルゴリズム。GoogleやMicrosoftの検索エンジンを動かすようなものね。

★ ソートアルゴリズム。データをいろんな基準、たとえばアルファベット順や、数字順や、名前順やその他で並べるもの。

★ 推薦アルゴリズム。入力を受け取ったり、パターンを探したりして、ユーザーそれぞれに合ったオススメを提案するもの。Netflixの「あなたにオススメの映画」やAmazonの「おすすめ商品」みたいなものね。

こういった、すでに用意された関数やライブラリを使うのは、プログラミングにかかる時間や手間をずっと楽にしてくれるだけじゃない。あなたのプログラムを、美しくて、正確で、効率的な形でほかの人たちに共有する役にも立ってくれるの。

API（エーピーアイ）

　API（アプリケーション・プログラミング・インターフェース、略してエーピーアイ）も、プログラミングの役に立つ道具よ。APIっていうのは、ある**アプリケーション**が、ほかのアプリケーションと情報をやりとりする方法のこと。最近は、たくさんのアプリケーションが、誰にでも使えるAPIを公開してる。いくつか例をあげるだけでも、Yelp（イェルプ）、National Weather Service（ナショナル・ウェザー・サービス）、Goole Maps（グーグルマップ）、Pinterest（ピンタレスト）、Twitter（ツイッター）なんかがある。

　こういったアプリケーションが提供するAPIを使うと、自分のプログラムのなかで、ウェブサイトにツイートを埋め込んだり、現在地のお天気情報を表示したりすることができる。APIはそのアプリケーションのコードへのちょっとした入り口を開けてくれる。そのおかげでほかのプログラムは、そのアプリケーションの持つデータやサービスを共有することができるってわけ。これって、プログラマーが、すばらしいテクノロジーをどんなふうに協力して作り上げてるかっていう、良い例ね。

　GWC（ガールズ・フー・コード）のコミュニティの女の子たちが、アルゴリズムとAPI、関数を使って作ったすごく楽しいモバイルアプリを紹介するわ。

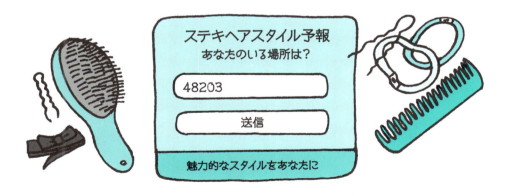

　これは、いまの天気にぴったりの髪型ができるようにする便利なアプリなの。ケニシャ・Jとセレナ・Vとフェイス・Wの作品よ。アプリのアイデアはこんなふうに書かれてる。

「わたしたちは、女性が共通の問題に悩まされていることに気づきました。それは、朝起きたときに完璧な髪型でいることはできないってこと。

身じたくをするときは、さまざまな環境要因、天気や湿度などを考えなければいけません。それでどうなるかって？ 今日の天気にぴったりの、目新しくて簡単なヘアスタイルを試しているうちに、うっかり時間を無駄にしてしまうのです。

この問題を解決するために、わたしたちのアプリ『Forecast Fabulous（ステキヘアスタイル予報）』を考えつきました」

「ステキヘアスタイル予報は、ユーザーが髪の長さ、髪のタイプ、行きたい場所の郵便番号を入力すると、その情報をもとにヘアスタイルを提案してくれるモバイルアプリケーションです。

これを使えば、天気によって髪のセットがめちゃくちゃになる心配をしなくていいのです。ステキヘアスタイル予報があれば、すてきな髪型選びはもう悩みのタネじゃなくなります！」

このアプリで使われている JavaScript というプログラミング言語で書かれたプログラムをちょっとのぞいてみましょう。心配しないで。書いてある内容を全部理解しなくていいの。

大事なところは解説を入れておくから。

```
var zip = document.getElementById("usersZip").value;

$.ajax({
    url: "https://api.wunderground.com/
    api/2f800aa485a60839/geolookup/
    conditions/q/" + zip + ".json",
```

この行は、ユーザーが郵便番号にどんな内容を入力したかをチェックして、「zip」という名前の変数に保存してる（郵便番号としてね）。

ここでは、郵便番号を、その地域の最新の天気情報を取ってくるのに利用している。「Weather Underground」っていう名前のウェブサイトのAPIを使っているところね。

```
        dataType: "jsonp",

        success : function(weatherData) {

            var location = weatherData['location']['city'];

            var temp_f = weatherData['current_observation']
            ['temp_f'];

        }

    });

    alert("Current temperature in " + location + " is: " + temp_f);
```

もしAPIがうまく動けば、郵便番号を使って、Weather Underground（ウェザー・アンダーグラウンド）からお天気の情報を取ってきて、変数に保存する。

このコードは単に、お天気情報に含まれている街の名前を「場所(location)」という変数に入れているだけ。

このコードはお天気情報から気温を取り出して、「摂氏（temp_f）」の変数に入れているところ。

ここで利用者に、集めた情報から現在の気温と街の名前を合わせて表示している。

　このアプリケーションを作るために女の子たちがやったのは、変数を用意して、それを便利なアルゴリズムと組み合わせること。
　彼女たちは関数を作って、APIを使ってお天気情報を引っ張ってくるプログラミングをしたの。ほらね！　このアプリを使えば、どんなお天気のときだって、おしゃれで、キマってって、髪ハネ知らずでいられる。

　さて……。そろそろ何か作り始める準備ができてきたんじゃないかしら。そうしたら次の章、プログラミングの始め方の章をちらっとのぞいてみましょう。

　もし、何を作りたいのかわからなかったら、飛ばして第7章にいくのもいいかもね。プログラミングでどんなにたくさんのものを作ることができるのか、例を見たら思いつくかも。

　次の章に進む前に、どっちが好きか考えてみて。子犬？　それとも子猫？

さぁ始めよう！

　自分の作りたいものを作るプロジェクトは始められそう？　何を作るつもりでいる？　そのために何をすればいい？　どんな計画を立ててる？
　こういった質問をされて、びくっとしちゃったらごめんね。車のヘッドライトに照らされた鹿みたいな気持ちになるかな。心配しないで。それってあなただけじゃない。何かを始めるって、どんなプロジェクトでも、一番難しいところかもね。でも、一番ワクワクする、クリエイティブなことじゃない？
　思い切って飛び込んでみましょう。やり方ならいろいろある。

初めからもう一度

　新しいプロジェクトを始めるとなったら、どんなプロジェクトでも、取り組み方のタイプはいろいろあるもの。でも、たいていはどんな人でも、いわゆる「公園の子犬」と「おもちゃを与えられた子猫」の間のどこかにおさまるものよ。

　「公園の子犬」っていうのは、とにかく新しいプロジェクトが好きな人。こういう人たちは、何かを始めるのに全然ためらいがない。アイデアを思いつくことが大好き。刺激的な思いつきとワクワクした気持ちでいっぱいで、自分の頭から出てくるアイデアを全部つかまえたいと思ってる。こういったエネルギーはすばらしいけど、この 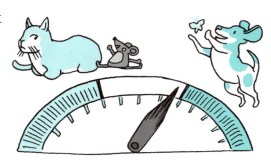 手の始め方をする人は、ひらひらと舞う新しいアイデアのチョウチョを追って脇道にそれ続けて、自分がどこにいるのか見失ってしまい、プロジェクトを完成させる前にすっかり疲れ果ててしまうなんてのもよくあるパターンね。

　「おもちゃを与えられた子猫」は、新しいことを始めるにあたって、「公園の子犬」とは正反対の態度を見せる人のこと。そういう人たちは、最初、あんまり興味がないように見える。実際には、このタイプの人たちは、最初は新しいプロジェクトを始めようとして、ちょっと立ち尽くしてしまっているように見えることが多いの。でも彼らが本当にやっていることは、その考えを見極めて、よく考えて、計画し、やり遂げる方法を探すこと。ひとたび子猫がおもちゃに飛びかかれば、子猫は心ゆくまでそれを楽しむものよ。

　理想としては、誰もがこの2つのタイプの真んなかにいてもらいたいものね。始めることをおそれず、けれど自分が何をやりたいのかについてはじっくり考えて、しっかりと計画を立てるというふうに。あなたがプロジェクトをどんなふうに始める人だろうと、そしてどんなに大きなプロジェクトを始めようとしていたって、最初の一歩を踏み出すのに、いい方法があるの。たくさん試されて効果の証明された、信頼できる方法よ。それがどんなものか、わかる？

　大きな仕事を始める最善の方法は、それをより小さく、より取り掛かりやすい仕事に分割すること。こうすることで、進むべき道がはっきりと見えて、何をしていいかわからずに立ち尽くす気持ちにならなくてすむの。
　プログラミングのプロジェクトを例にして、この方法をいくつか見てみましょう。

デザイン-制作-テストのサイクル

　プログラミングに限らず多くの製品開発では、デザイナーとプログラマーが「デザイン-制作-テストのサイクル」と呼ばれる方法を使っている。こんな感じね。
　まずは、製品をデザインするところから始める。それを制作してみて、意図したとおりに動くかどうかをテストする。たいていの

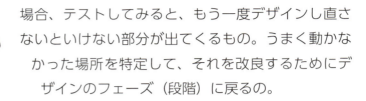

場合、テストしてみると、もう一度デザインし直さないといけない部分が出てくるもの。うまく動かなかった場所を特定して、それを改良するためにデザインのフェーズ（段階）に戻るの。

でも、何をデザインすればいいか、わからないときは？

そのためのやり方もある。プログラミングでだいたい一番始めにやるステップで、多くの人にとって、一番楽しい部分よ！

もやもやを、ブレインストーミングでふきとばせ！

　プログラムの1行目を書き始める前に、わかっておかなきゃならないことがある。それは、あなたがどんな問題を解決しようとしていて、その問題の解決にどんなものが役に立つかってこと。

　あなたは「こんなプロダクトがあったらいいのに」ってアイデアを胸にあたためているかもしれない。いま使っているものについて、もっとこうなれば良くなるのに、と思っているかもしれない。あるいは、何を作るについてのアイデアはないけど、やり方についてなら言いたいことがあったり、何か期待することがあったりするかもしれない。あるいは、一見問題とは直接関係なさそうな、演劇や詩、音楽、慈善活動、スポーツ、カラーコーディネートなんかに興味があるかもしれない。そのすべてが、**ブレインストーミング**（自由でしばられない思考によって、基盤となるアイデアを思いつく方法、略してブレスト）のすばらしい出発点になる。

> ブレインストーミングが
> どんなものかは知ってるけど、
> それをどうやって始めたらいいの？
> **何についてブレストすれば
> いいわけ？**

　1つには、興味のあるテーマについて考えることから始める方法がある。いろんなパターンを出してみましょう。

　たとえば、「短距離走のタイムを測るときに_____があればいいのになぁ」とか、「絶滅危惧種の動物を調べるときに_____について本当に知りたかった」とか、そう、「ケーキのデコレーションのアイデアをウェブで調べるときに、もし_____ができたら最高なのに」なんてどう？　それから「もしわたしがこの世でどんなアプリでも使うことができるなら、_____をするアプリにする」とか、「わたしはこのツールを毎日使ってるんだけど、_____をしたらもっと良くなるのに」とか。ブレインストーミングの目的は、想像力に弾みをつけて、アイデアを生み出すこと。だからインターネットを見たり、図書館に行ったり、博物館を訪ねたり、雑誌をパラパラめくったり、広告を目にしたり、その辺を散歩したり、あなたのまわりの世界を見て、聞いて、味わって、感じて、嗅いでみるの。興味を惹きつけられる、新しいテーマやワクワクするテーマに飛び込んで、何を自分に取り込めるか感じてみて。

> それって、わたしの
> **趣味のコラージュ作り**みたい！

そのとおり。アイデアの種はどこにでも落ちてる。深く広く眺めるのが見つけるコツ。あなたの脳はパターンを見つける。最初はぼんやりとしか見えなかったものを、点と点を結びつけて形にするの。だから、しばらくぼんやりするのも有効ね。「公園の子犬」タイプにとっては、アイデアのチョウチョたちを追いかけて、それが連れて行く先を見届けるのに絶好の機会。もしあなたが「おもちゃを与えられた子猫」タイプなら、ブレインストーミングは、新しいおもちゃに手を出すのに、あまり緊張しないですむ方法になる。

かわいくブレストしよう！

　ホワイトボード、コルクボード、色とりどりのインデックスカード、押しピン、ポストイット、それからシール。蛍光ペン、マーカー、クレヨン、色鉛筆。ノート、バインダー、レポート用紙、画用紙。雑誌のページ、ポストカード、写真、模様のパターン、色見本帳、映画のポスター、本やCDの表紙。好きな言葉や、歌詞、名言、ロゴ。どれも、ブレインストーミングの時間に手元にあったらすてきな道具たち。

　アイデアボードを用意して、アイデアをカードに書き出して押しピンで止めたり、あなたが作るプロダクトのかっこいい名前を考えて、それを壁に書きとめたり（でも壁に書くときは大人の許可をもらってね！）。新しいゲームのキャラクターやロゴのアイデアを描く。重要な疑問を書き出して、ボードの上の方に掲げておく。その疑問への回答を思いつくだけ書きとめて、それぞれ違う色の線を引いて目立たせる。目に見える形にすることは、あなたの創造的な思考を活発にするために、すばらしく役に立つの。

ちょっとした手助けをもらう

　でも、ブレインストーミングの、一番重要で、超強力な秘密兵器があることを知ってる？

　それは、友だちの意見！　**共同作業**、つまりいっしょにやってみることは、ブレインストーミングの大事なポイントよ。グループを作ってアイデアをあれこれ話し合うなかで、人は言いたいことを組み上げていく。それは楽しい作業だし、その上、いろんな人が、いろんな視点を持ち寄ることで、考えてもみなかった方向のアイデアが出てくるものなの。

　いっしょにやってみることで、1つの問題についてたくさんの関心が集まって、アイデアが育っていく。そして忘れてはいけないのは、ブレインストーミングの役割は「できる限りたくさんのアイデアを出すこと」だってこと。自分のアイデアが良いものかどうか心配したり、自意識過剰になったりする時間じゃないの。同じように、ほかの人の提案に対しても、それを止めたり良し悪しを評価したりするのはやめましょう。

　大事なのは、自由に、流れのままに最後までやること。アイデアについて何かを決めるのはその後よ。だから誰のアイデアも思いやりを持って取り扱い、安心してアイデアを提案できる、アイデアに対して評価をしない場を作るのは、ブレインストーミングのなかで本当に重要なポイントなの。

デザイン

　もやもやした曇り空がブレインストーミングできれいに晴れて、あなたが作りたいものについてのアイデアのかすかな光が見え始めた。さあ次は、優先順位づけをする番よ。優先順位づけ、っていうのは、あなたのいくつものアイデアを、次の3つをクリアするものだけに絞りこむこと。

　　A）　やりたい
　　B）　やれる
　そして、
　　C）　やる価値がある

　あるアイデアが、この3つの項目に当てはまるかを判断する一番いい方法は、あなたが作ろうとしているものについて、いくつか大事な質問をしてみること。さあ、これから質問ゲームを始めましょう……

デザインの方針

　何をどのようにデザインするのか決めるのは、RPG（ロール・プレイング・ゲーム）でルートを選択するようなもの。まずレベル1の質問よ。

> スタート

 レベル１：
それって必要？

　あったらいいなって思うものについて考えてみましょう。楽しい、あるいは便利なプロダクトやサービスよね。宿題の締め切りを管理できるアプリ？　運転中のチャットやメールの危険性を10代の子たちに教えるゲーム？　写真や

動画の新しいフィルター？ それがまだ叶えられていない望みなことを確かめて、それから、あなたの作るプロダクトが、その「あったらいいな」をどうやったら叶えられるか考えて。

答え：はい
すてきなアイデアね、おめでとう！
> レベル2へ

答え：そうともいえない
ブレインストーミングを続けよう
> やり直し

レベル2：
それってもうあるもの？

作りたいプロダクトが、もうどこかにあるものかどうか、どうやったらわかると思う？ 調査してみましょう！ インターネットやお店、プロダクトがありそうな場所で、似たようなアイデアを探してみるの。あなたのアイデアに似たものがすでに世のなかにあるか、調査してみて。

答え：いいえ。どこにもない。
おめでとう！ 新しい、
使えるプロダクトね！
> レベル3へ

答え：はい。
似たようなプロダクトがある。
それって改善の余地あり？
調査を続けよう
> やり直し

もし答えがこっちなら、もう世に出ているプロダクトをもっとよく観察して、改善できる余地がないかどうか見てみましょう。レビューを読んだり、友だちや家族に、使っているプロダクトの気に入っている機能について話をしたり。そのプロダクトを、ある特定の層のユーザーに向けてカスタマイズをしたら、もっとよくなるかどうかを確かめてみましょう。たとえば子ども向けだったり、10代の若い子向けだったり。すでに競合するプロダクトがあったとしても、まだまだ「これがほしい」を見つけて、それを叶えることはできるって、覚えていてね。

レベル３：
それって自分以外の人も、欲しいもの？

　そのアイデアって、自分以外の人にも欲しいものかどうか、考えてみて。みんなそれを使いたがる？　それを必要としてる？　好きになってくれる？　これは、イチから新しいものを作るときにも、すでにあるものを改良するときでも、大切な問いかけよ。

　じゃあ、みんながあなたの作るものを好きになってくれるかどうか、必要としてくれるかどうか、どうやったらわかるかな？　聞いてまわればいい。友だちや先生たち、家族と話してみて。あなたのアイデアを、短い言葉で説明したり、スケッチを見せたりして、その反応を見てみるの。めちゃくちゃに熱狂してくれる？　肩をすくめられる？　困った感じで「えっ？」って言われるかな。もらった感想や反応を書きとめて、デザインを進めるときの参考にしましょう。

答え：はい
それって誰のためのもの？
調査を続けよう
>レベル４へ

すごい、あなたのプロダクトを欲しい人たちがいるのね！
じゃあ次に考えるのは、その人たちはどんな人たちかってこと。誰があなたのプログラムやアプリ、あるいはロボットを使ってくれるかな？　どんなふうに使われる？　もしプロダクトをある特定の人向けに作るなら、見た目やスタイルをどんなふうに変更する？　たとえば、幼児向けの、文字の練習アプリの使い方の説明は、10代の若い子向けのパズルゲームのものとは全然違うはずよね。ユーザーについてしっかり考えて、あなたの意図がちゃんと伝わるようにしてみて。

答え：自信ない……
感想を聞いて、調整しよう
>やり直し

レベル４：
それって本当にやりたいこと？

　これはすごく大事なことよ。自分の胸に聞いてみて。「このプロジェクトをやり続けられるくらい、それに興味がある？」って。やりとげられそう？　プロジェクトに捧げる時間と気持ちがある？　それはサッカーの練習や、ピアノのレッスンや、宿題の合間に書ける程度の小さなプログラムかな？　それとももっと、自由時間のすべてを使うくらい大きいアプリ？　使える時間を確保してね。

　そして、もっと大事なのは、そのアイデアに夢中になれるかどうか。足のネイルの手入れをするタイミングを教えてくれるアプリがあるといいなと思ったとしても、それに毎晩と週末、かかりっきりになりたいかどうかは別よね。どんなプロジェクトも、時間を費やすことが必要になる。何かを作るのにたくさんの時間を使う見込みなら、自分のやっていることの価値を信じる必要がある。そして、プロジェクトが完成するまで、時間を使い、興味を保ち続けなければいけないの。

答え：はい
おめでとう！
> 次の段階へ

答え：自信ない……
ブレインストーミングを続けよう
> スタートにもどる

でき上がりを目に見える形にする

　ここまできて、何かアイデアを思いついた？　新しいプロダクトのアイデアじゃなくても、すでにあるアプリをちょっと面白い感じに工夫して、特定のユーザー向けに便利にすることもできる。自問自答も終わって、市場調査も終わって、そろそろこのアイデアを形にし始めましょうか。

　さあ、1000ピースのジグソーパズルを想像してみて。そのパズルの箱には、完成図が描いてなくて、真っ白なの。完成図なしでパズルを正しい位置に合わせていくとしたら、どれくらい難しいかわかる？　だからこそ、プロジェクトを始める次のステップとして、アイデアを絵や図に描き出してみる（**ビジュアライゼーション**）のが役立つわけ。つまり、そう、お待ちかねのデザインの時間よ！

デザイナー：「デザイナー」でグーグル検索をしたら、こんなふうに出てくるはず。「あるものの形状や、見た目や、動きを、制作前に計画する人。詳細を図や絵で表現するのが一般的」

　服飾デザイナー、グラフィックデザイナー、プロダクトデザイナー。何かが作られるときは、誰かがそのデザインを担当してる。プログラミングを使うプロダクトを開発する場合は、デザイナーがいつもプログラムを書く人ってわけじゃない。デザイナーにはUX（**ユーザーエクスペリエンス**）の専門家もいる。つまり、人がそのプロダクトをどんなふうに使って、どんなふうにプロダクトとやりとりをするか、を考える役目の人。

　ほかにも、グラフィックを専門にするデザイナーや、機器のハードウェアのデザインを専門にするデザイナーもいる。開発にかかわるすべてのデザイナーがプログラムの書き方を知っている必要はないけど（それが理想だけどね！）、プログラマーがデザインを理解していることはとても重要よ。

ワイヤーフレーム

　ワイヤーフレームは、ウェブサイトのページや、アプリの見た目を描き出すためのテクニック。ワイヤーフレームは詳しく細部まで描くこともシンプルに描くこともできるけど、どんな詳しさで描いても大丈夫。それがあなたのプロダクトの目標を目に見える形にする、初めの一歩になる。

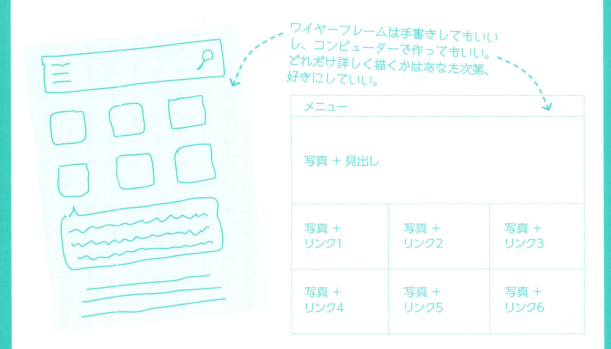

ワイヤーフレームは手書きしてもいいし、コンピューターで作ってもいい。どれだけ詳しく描くかはあなた次第、好きにしていい。

ストーリーボード、スケッチ、ダイアグラム、デッサン

　ストーリーボードは次ページの絵みたいに、ちょっとした漫画みたいな形で、アプリケーションの動きを見せるもの。よく使われる例として、ゲームのデザインがある。

　ストーリーボードは、ゲームがどんなふうに動くかを場面ごとに表現するもので、ゲームのいろんなレベルや見た目を描くのに便利な方法よ。

すごくシンプルに、ゲームのあるレベルでの配置とルールを説明するだけにすることもできる。キャラクターの見た目や動きをすごく詳しく描くこともできる。

　アプリやゲームを作るのではなくても、作り始める前にアイデアを絵や図にしておくのは役に立つこと。

　ロボットを組み立てる？　どんな見た目になるかを描いてみて。ロボットが理解できる命令と、その反応を表にしてみましょう。通信できるアクセサリーやスマートウォッチを作るつもり？その形と、サイズと、色をスケッチしてみましょう。大きさはどれくらい？サイズの調節はできる？　描いたものに、プログラミングすることになる特徴や機能をコメントで入れてみて。

　どのくらい細かくやるかは別にして、アイデアを見える形に描き出すことで、デザインから制作に進むときに、とても頼りになる地図を手に入れることができる。

這(は)いよる多機能

　デザイン・フェーズ（段階）の最後に、語っておかなきゃいけないことが１つある。熟練のプログラマーでも悪夢に見るやつ。それはおぞましい、「多機能モンスター」！

　おっと、「多機能モンスター」じゃなかったわ。「**這いよる多機能**」。これは、本物のドロドロと取りついてくる怪物じゃない、でも同じくらい恐ろしいものよ。「這

いよる多機能」は、あなたがデザインに熱中しているときにやってくる。あなたはこの機能も、あの機能もと、つけ加え続ける（公園の子犬タイプの人、あなたのことよ！）。かっこいいオプションやサービスを追加するのはすばらしいことかもしれないけど、それってトッピングを載せすぎたパフェみたいにならない？　ある時点で、それはただのぶよぶよの皮下脂肪になっちゃう。「這いよる多機能」がやってきて、プロダクトにベルや笛みたいな余分なものをたくさんつけはじめたら、プロダクトは使いにくくて、プログラミングするのがほぼ無理な代物になる危機に瀕しているってこと。

　一番いい攻略方法は、シンプルに始めて、一番大事な機能に集中すること。そのプロダクトが動くために必要な、たった1つに集中するの。一度プロダクトが完成して動き始めたら、そのあとにいつでも機能を足していくことができるでしょ。

　こんなふうに考えて。数学の授業で、先生が「答えが4になる式を書きなさい」と言ったとする。1+1+1+2-1=4　と書くことも、1+3=4 と書くことも、2+2=4 や $2^2=4$ と書くこともできる。同じ答えを得るのに、いろんな方法がある。でも、そのなかには、よりシンプルで、効果的な方法がある。

　デザインでも同じことよ。プロダクトの完成まで、一番見通しが良くて、一番まっすぐにいける道を選ぶの。シンプルなデザインなら、プロダクトの動きを良くして、見た目や使い心地を良くすることに注力できる。多すぎる機能に追い立てられて、途方にくれる代わりにね。

　デザインを始めたら、実際にプロダクトをどうやって制作するかも考え始める頃合いよね。プロジェクトの次のステップはそれ。プロダクトの外見じゃなくて、実際に動くようにする方法と、それにはどんなプログラムが必要かを理解すること。だからブレインストーミングとデザインとはここでさよならして、「HELLO, WORLD!」といきましょう！

「プログラム」を攻略しよう

　さぁ、ブレインストーミングにも詳しくなったし、デザインについてもわかった。そろそろプログラミングを始められそうじゃない？

　その準備はだいたいできてる。でもプログラミングを始める前に、あといくつか、大事なステップがあるの。そのステップを踏むことで、問題を予測し、間違いを未然に防ぐことができて、長い目で見るとかなりの時間の節約とトラブルの防止になる。

フローといっしょに

　何かを作ろうとするとき、一番いいのは、計画にしたがってやること。作家はプロットを作る。画家はスケッチから始める。エンジニアは設計図を使う。仕立て屋さんは型紙どおりに作る。プログラミングも同じだけど、プログラミングの場合はその設計図をフロー図と呼ぶの。フロー図は、アルゴリズムを目に見える形にしたものの1つ。言い換えれば、プログラムがその目的を達成するまでに必要なすべての手順を、図で示したフローチャートよ。紙かホワイトボードに書き出してもいいし、作っておいた見取り図のそれぞれの画面に付箋で貼りつけてもいい。大事なのは、書き出して、じっくり見てみること。

　「目的」は、プログラムにやらせようとしていること、プログラムがやりとげるはずの、その仕事のことよ。ブレインストーミングが「何を」作ろうとするかをはっきりさせるのに役に立ったように、**アプリケーション・フロー**はそれを「どうやって動かすか」の計画をきっちり立てるのを助けてくれる。特に、プログラムが表現しようとするアルゴリズムが複雑になってきたときにね。

　1つ試しにやってみましょう。何を作ろうか？

> スマートフォン用の
> ソフトボール・ゲームは？

　最高。じゃあここではもうワイヤーフレームを組んで、ゲームの見た目についてのアイデアはちゃんとあるってことにしましょう。さあ、それがどう動くかを考える番よ。

　ゲームの最初のステップはなに？

> バッターが
> バッターボックスに入る！

　それから？

> **ちょっと待って、
> それむずかしい。**
> バッターボックスに立った時に
> 起こるかもしれないことって、
> たくさんあるよね？

　そのとおりね。一塁打を打つかもしれないし、二塁打、三塁打になるかもしれない。ホームランの可能性だってある。三振することだってある。ピッチャーが投げた球がボールになるかもしれないし、外野手が打ち上げられたフライを捕るかもしれない。ベースに着く前に、タッチアウトになるかもしれない。

　大事なところに気づいたみたいね。もし現実のソフトボールのゲームを完璧に再現しようとしたら、すごく複雑なアルゴリズムになって、何週間も何カ月ものプログラミングが必要になる。それって、いまのわたしたちには、規模が大きすぎるんじゃない？　だから、まずアプリケーション・フローを作成する前に、ルールをシンプルにする必要がありそうね（気づいた？　わたしたち、プログラミングを始める前に問題を特定して、解決したでしょ？　こういうことのために計画を立てるの！）。

ってことで、こんな感じでどう？これが**シンプル・ソフトボール・ゲーム**のルールよ。

1　敵チームが先攻

2　各選手は3回、バットを振ることができる。ボールに当たったら、チームに1点が入る。当たらなかったらストライクを取られる。ストライク3つでアウト

3　スリーアウトでチェンジ

4　各チームは7回攻撃できる（つまり全部で14回）

5　各チームの攻撃がすべて終わったら、勝者を判定する

おっ、これならさっきよりは少し楽かも

じゃあ、アプリケーション・フローに落とし込んでみましょう。

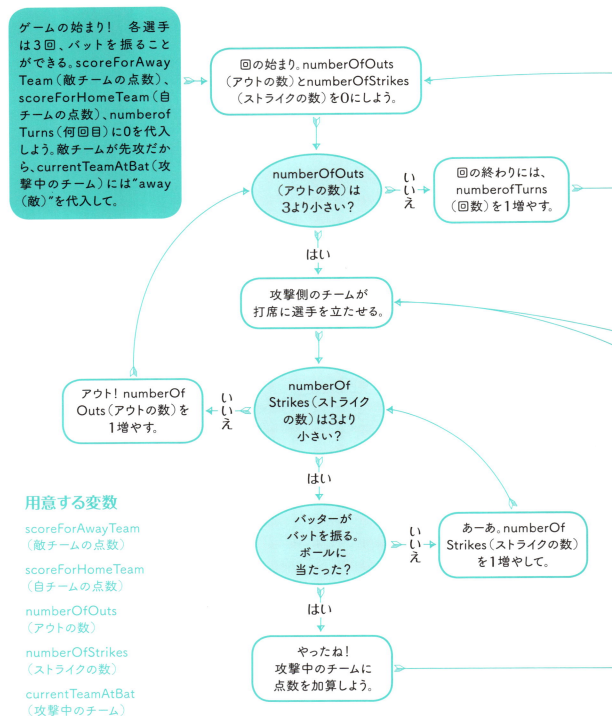

シンプル・ソフトボール・ゲーム

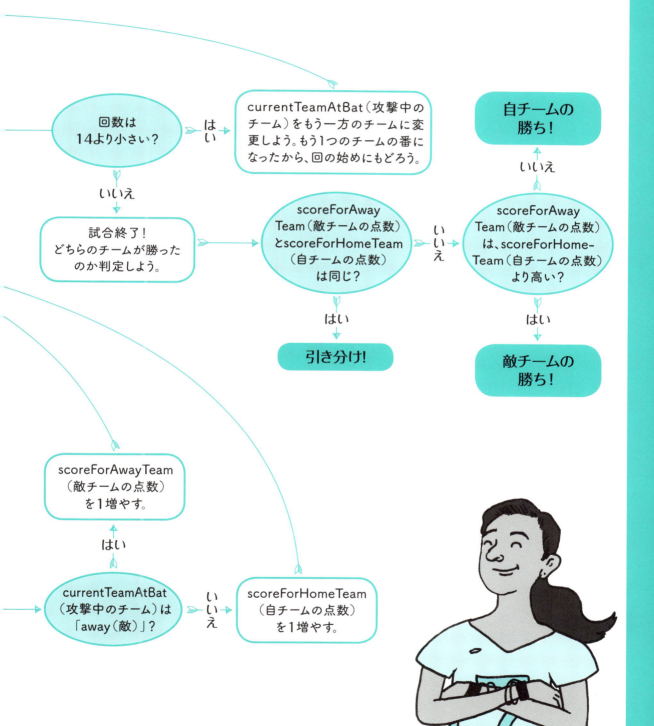

何に最初に気づいた？

そのとおり。アルゴリズムがすてきにまっすぐな線を描くことは、ほとんどない。たいてい、アプリケーション・フローは地下鉄や鉄道の路線図みたいになるの。メインの線から始まっても、ユーザーが何をするかによって、それぞれ別の方向に曲がって枝分かれする道が現れるわけ。たとえばボールを打ったとか、3ストライクでアウトになったとか、いろいろ……。まるで、ゲームブック（読んでいる間、次に何が起こるか選べるタイプの本）みたい。それぞれの選択が、別の結末につながっている。プログラマーの立場から見て、それがどういうことかっていうと、はじめの処理があって、その次があって、おしまいの処理があるっていうふうに命令群を書けばいいわけじゃないってこと。アルゴリズムは、プログラムのなかでそれぞれ起こるかもしれないすべての可能性についての命令群をそろえていないといけない。まさしくこれが、アプリケーション・フローづくりが役に立つ理由なの。

プログラムが通る可能性のある道を見て、それぞれにどんな違ったプログラムを書く必要があるか考えてみましょう。

フローにラベルづけ

　ゲームの流れとそれぞれのルートが通る道筋を描き出せたら、次はどのルートがループでどのルートが条件分岐なのか、それからもちろん、変数は何かを考える番ね。

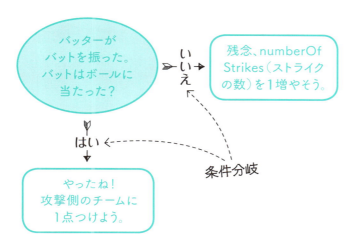

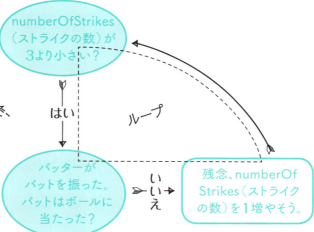

書き出そう

　これでデザインの一番しんどい（かもしれない）部分をくぐり抜けた。アルゴリズムを設計して、ラベルづけも終わった。さてそろそろ、プログラムを書き出す頃合いじゃない？　この章はまだ実際のプログラミングをするところじゃないけど、「擬似コード」ってものを書くの。この本でいままで、たくさんの擬似コードを見たでしょう（たとえば第3章のランチ行列アルゴリズムとか）？　擬似コードっていうのは、普通の、いつも使う言葉を使って、プログラミングするべき内容を、正確な命令の形で、きっちり（ロボットに命令するときのように）書き出すってだけ。

　条件、ループ、変数のすべてがこの擬似コードに書き出されているのがわかるでしょう？

> でも、なんだって擬似コードに**時間を使わなきゃなんないの？**何が次に起こるかは、アプリケーション・フローを書いてもうわかってるでしょ？なんでほんとのプログラムを書かないわけ？

　擬似コードを使えば、プログラムの**ロジック**（論理）を書き出すことができる。プログラムの初めから終わりまでの必要なステップを、プログラミング言語の**シンタックス**（文法）に悩むことなくね。プログラミング言語の文法っていうのは、たとえばつづりだとか、スペースの入れ方だとか、決まった書式だとかのこと。

　アプリケーション・フローの詳細を擬似コードとして書いたら、実際のプログラムを書くときに、次に何が起こるかも、それがうまく動くかも考える必要がない。プログラミング言語の文法を間違えないようにすればいいだけ。ただ1つのことをやればいいの。擬似コードを、実際のプログラミング言語に変換するってことだけを。

擬似コード

日本語で読みやすく擬似コードを書くとしたら、
小さい緑の字のようになります。

```
scoreForHomeTeam = 0
```
自チームの得点に 0 を代入する。

ゲームの初めは、両方のチームの得点に 0 に代入して、敵チームの攻撃から始める。

```
scoreForAwayTeam = 0
```
敵チームの得点に 0 を代入する。

```
turnNumber = 0
```
回数に 0 を代入する。 ← 0回から始める。

```
teamAtBat = "away"
```
攻撃側に敵チームに代入する。

回が14より小さいうちは（各チーム7回の攻撃）、チームには次の回がある。

```
while (turns < 14):
```
回数が 14 より小さいうちは以下を繰り返す。

```
    outs = 0
```
アウトの数に 0 を代入する。

アウトの数が3になるまで。

```
    while (outs < 3):
```
アウトの数が 3 より小さいうちは以下を繰り返す。

攻撃中のチームは選手を打席に送り、その時点でのストライク数は0。

```
        strikes = 0
```
ストライクの数（strikes）に 0 に代入する。

```
        player.next()
```
選手を次の選手に変える。

選手は3ストライクになるまでバットを振り続ける。

```
        while (strikes < 3):
```
ストライクの数が 3 より小さいうちは以下を繰り返す。

```
            hit = player.bats()
```
ヒットしたかどうかに、選手のバットを振った結果をセットする。

```
            if (hit == True):
```
もし、ヒットしたかどうかが真ならば、

```
                if (currentTeamAtBat == "away"):
```
もし攻撃中のチームが「敵チーム」ならば、

ヒットを打てば、攻撃中のチームの得点になる。

```
                    scoreForAwayTeam = scoreForAwayTeam + 1
```
敵チームの得点を、今の敵チームの得点より1増やす。

```
                else:
```
そうでなければ：

```
                    scoreForHomeTeam = scoreForHomeTeam + 1
```
自チームの得点を、今の自チームの得点より1増やす。

```
            else:
```
そうでなければ、

```
                strikes = strikes + 1
```
ストライクの数（strikes）を 1 増やす。

ボールに当たらなければ、ストライクになる。

秘密の成功のカギ：「問題解決」

　ケーキ作りはプログラミングに似てる。おんなじように、型紙にしたがって洋服を作ったり、下描きのスケッチに色をつけたり、おもちゃを組み立てたりするのも似てる。どれも、計画したとおりに1つずつ進める必要があるの。

　覚えておいて。プログラミングっていうのは、本当に「問題解決」そのものなの。大きな仕事に取りかかるには、それをどうやって小さな、実行できる大きさの仕事に分割できるかを、プログラマーらしい考え方を使って見つけ出す。一度それができてしまえば、次にやることは、それをプログラムとして書くためのプログラミング言語を選ぶこと。もうその準備は万端よ。

　さあプログラミング言語を選んでみましょう。

機械のレベルでは、ほとんどのコンピューターが**バイナリコード**（略してバイナリ）というすごく単純な言語[1]を使っている。バイナリは数や、言葉や、画像や音でさえも、1と0だけを使った二進法の数の羅列に変換して、コンピューター内の電気信号として伝えられるようにしたもの。そして、8桁の**二進法の数**のまとまりを、**ビット**と呼ぶの。

> でも、なんでコンピューターは**二進法**の数を使うの？わたしたちみたいに、普通の数字や単語を使っちゃだめなわけ？

　コンピューターは何百万もの電子回路からできている。これらの回路は、ちょうど電灯のスイッチみたいに、2つのモードがある。オンのときと、オフのときね。2つの数字だけを使って、1はオン、0はオフに対応させることで、コンピューターはさまざまな、何兆もの組み合わせの数や命令を、たった2種類の電気信号の並びに単純化することができるってわけ。

　コード（プログラムのコードではなく、より広い意味の符号）が、実際には何なのか考えてみましょう。ざっくり言うと、コードっていうのは単語と、数字と、文字、シンボルを使って何かを表わしたもの。コードは、秘密を守り、本当の言葉の意味を隠すために使われることもある。スパイや軍隊の使う暗号みたいにね。ほかにも、込み入った文章や情報を単純な形にして、すばやくやり取りするのに使われることもある。船舶の旗旒（きりゅう）信号がいい例ね。

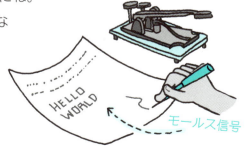

モールス信号

※1　この言語を「機械語」といいます。

この船舶の旗のコードは、色とパターンを利用して、海上の遠い距離を挟んでの複雑な指示のやり取りを、視覚的にすばやく行うことができる方法よ。

　バイナリもコード化の1つの方式ね。複雑なやり取りの仕組みをたった2つの記号に単純化できる。実際、人間がコンピューター以外で使うバイナリコードもたくさんある。たとえばモールス信号[※2]ね。初期の電報通信で使われ、船舶間の通信でも使われていたこのコードも、たった2つの記号を使う。点と線の2つが、長音と単音、あるいは光の点滅で表され、単語を構成するの。

　ブライユ式点字法、弱視の人々が手でなぞって読むアルファベットは、点の凹凸の並びで文字を表す。これも二種類のコードで情報を表現するバイナリコードの1つの形式ね。

ブライユ式点字法

じゃあ世界で一番複雑で混み入ったコンピューターの処理も、何百万かの電気的なスイッチのオンオフに形を変えているってわけ？

そう、基本的にはね。だいぶびっくりじゃない？

※2　モールス信号は、長音を短音の集まりと考えればバイナリですが、実は「空白（無信号）」も伝達に使います。そのため、厳密にはバイナリとは言えないかもしれません。
※3　グレース・ホッパーが1952年に世界初のコンパイラを開発したとされる場合もありますが、一般的にはIBMのジョン・バッカスのチームが1957年に開発したFORTRANコンパイラが「世界初の完全なコンパイラ」とされています。

バイナリ語を話せる？

　コンピューターへの命令すべてを1と0で書かなきゃいけないのを想像してみて。とてもじゃないけど、何が書いてあるのか、何を書いているのか、追いかけるのは無理でしょ。バイナリは、ふつうの言葉で読み書きしている人間には直感的に使えるものじゃない。そこで、プログラミング言語が大事になるの。

　だからこそ、1952年に起ったことは、プログラミングの歴史が変わる大きな進歩だった。その年、コンピューター・サイエンティストが最初の**コンパイラ**を発明した[※3]。コンパイラというのは、人間が読んで理解できるアルファベットの入力（a、b、cや1、2、3）を、コンピューターが理解できるバイナリに変換することができる特別なプログラムのこと。この発明は、コンピューター・サイエンスの世界の革命だった。エンジニアは、人間にとって書きやすく、扱いやすい「プログラミング言語」でプログラムを書くことができるようになった。さて、この偉業を成し遂げた、すばらしいコンピューター・サイエンティストって誰だと思う？

コンピューターの開拓者
グレース・マレー・ホッパー

　現在のようなプログラミングは、彼女の知性がなければ存在しませんでした。彼女の名はグレース・ホッパー（「アメイジング・グレース」と呼ばれたりします）。1941年、グレースは結婚しており、ヴァッサー大学の数学教授でした。同年12月7日、日本が真珠湾を攻撃し、アメリカは第二次世界大戦へ参戦します。この世界史上の大事件は、グレースの人生の転換点にもなりました。戦争が始まってすぐに、グレースは夫と離婚しアメリカ海軍に入隊します。そこで彼女は、自分の数学に対するの深い情熱を、戦争を有利に進めるために注ぎ込みました。これが彼女のコンピューター・サイエンティストとしての経歴の始まりであり、終戦後も彼女はその道を歩み続けました。

　その後、グレースは民間企業に勤めながら、コンパイラを発明し、また他のコンピューター・サイエンティストともにプログラミング言語、特にCOBOL（コボル）の開発を進めました。彼女の働きがなかったら、現代的なプログラミングとソフトウェア開発はなく、人々が日常的にコンピューターを操作する「いま」は存在しなかったでしょう。

グレース・ホッパーのおかげで、わたしたちは人間が読んでわかるプログラミング言語を使ってプログラミングができ、それをコンパイラがコンピューターの理解できる言語であるバイナリに変換できるってわけ。

プログラミング言語を選ぼう！

　プログラミング言語はわたしたちが日常的に使う言葉と似てる。ものすごくたくさん種類があって、それぞれが、同じことを書き表すのに独自の方法を持っている。どれだけのプログラミング言語が存在するのかイメージをつかむのに、グーグルで「hello world プログラミング」と検索してみましょう。

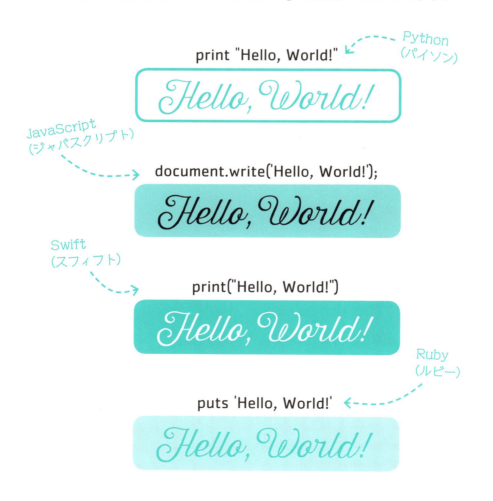

```
using System;
class Program
{
    public static void Main(string[] args)
    {
        Console.WriteLine("Hello, World!");
    }
}
```

C#
(シー・シャープ)

Hello, World!

```
public class HelloWorld {
    public static void main(String[] args) {
        System.out.println("Hello, World!");
    }
}
```

Java
(ジャバ)

Hello, World!

　このとおり、おんなじことを書き表すのに、プログラミング言語によってたくさんの違ったやり方がある。
　コンピューターに「Hello, World!」と出力させるだけの単純なプログラムは、ある言語で書いたプログラムがちゃんと動いてるかを確かめるためによく使われるもの。でも、どれだけたくさんのプログラミング言語があるのかをわかりやすく図にするのにも使えるでしょ。

うわー、
こんなたくさんあるんだ。
どれを使うか、どうやって
決めればいいの？

CH.5　G W C　P. 93

何をしたいかで決めればいい。言語ごとに、向いてる仕事があるから。どんなプロジェクトでも、どの言語を使うかの厳しい縛りはないけど、それを決めるのに便利なガイドをどうぞ。

プログラミング言語[4]

Scratch（スクラッチ）
ビジュアル・プログラミング言語。色付けされたブロックのコードと、あらかじめ用意されている画像を使って、簡単にゲームやアプリを作れる。初心者が始めるのにぴったり。

主な用途： ゲーム、アート、アニメーション

LEGO MINDSTORMS（レゴ・マインドストーム）[5]
ファースト・レゴ・リーグの公式言語。ファースト・レゴ・リーグは、学生が参加するロボットをテーマにした大きな競技会。

主な用途： ロボットの制御

[5] 現在の最新バージョンは EV3。これは言語ではなくロボットキットの名前です。前バージョンの NXT 時代は「ROBOLAB」、今は「EV3 ソフトウェア」が言語の名前です。

Python（パイソン）
いろいろな目的に使える言語で[6]、科学計算のアプリケーションを含む、たくさんの場面で用いられる。

主な用途： ウェブサイト、アプリ、ゲーム、ロボットの制御

[6] Python は近年、機械学習・深層学習の分野に多く使われ、さらに注目を集めています。

HTML/CSS（エイチティーエムエル／シーエスエス）
この 2 つはプログラミング言語ではなく「マークアップ言語」という。マークアップ言語とは、テキスト、たとえばウェブサイト上の見出しや記事内容を装飾して見せるために使われるもの。ウェブサイトに構造やコンテンツを追加するのに使ったり（HTML）、それらを装飾するのに使う（CSS）。保存、繰り返し、条件分岐のすべてが揃ってるわけではないので（最近の CSS は変数を持つけど）、プログラミング言語には含まれないが、ウェブサイトのコンテンツをきれいにレイアウトするのに使われる。

主な用途： ウェブサイトとブラウザで動くアプリ

JavaScript（ジャバスクリプト）
名前は似ているが、Java（ジャバ）とは違うもの。ウェブサイトを、ユーザーの動きに応じて動くようにするのに使われる。JavaScript を使ってたくさんのライブラリが作られている。最も大規模な例としては jQuery がある。こうしたライブラリはたいていが無料で利用でき、ライブラリの開発に参加することもできる。

主な用途： ウェブサイトとブラウザで動くアプリ

ARDUINO PROGRAMMING LANGUAGE
（アルデュイーノ・プログラミング言語）

アルデュイーノというマイクロ・コントローラーをプログラミングするのに使われる言語で、C++（シープラスプラス、さまざまな用途で使えるプログラミング言語）を使って作られている。

ロボットの制御

Java（ジャバ）

現在のアメリカで、コンピューター・サイエンス学科の飛び級システム（アドバンスト・プレイスメント）のカリキュラムでもで使われていたりする言語。これもさまざまな用途に利用できるプログラミング言語で、たとえばアンドロイド・アプリを作るのにも使える。

ウェブサイト、アプリ、ゲーム

※7 高校生に大学の初級レベルのカリキュラムと試験を提供する、早期履修プログラムです。アメリカ合衆国の非営利団体 カレッジボード（College Board）により運営されています。

Swift（スィフト）

macOS や iOS 用のアプリを作るのに使う。Mac でプログラミングをするための XCode という開発環境で使うことができる。とても新しいいまどきの、刺激的な言語で、2014 年ごろに作られたばかり。

Mac や iOS のアプリなど

※8 アップル社が提供するスマートフォンやタブレット端末用の OS で、iPhone や iPad に採用されています。

Processing（プロセッシング）

いろんなことができるソフトウェアのスケッチブックに例えられる、アートとデザインのためのすばらしい言語。

ゲーム、アート、アニメーション

C（シー）

歴史のある、有名な言語。プログラムの実行速度が必要な時に適している。「システム言語」と呼ばれ、コンピューターが理解できる 0 と 1 の世界にプログラマーが歩み寄ってプログラムを書く、システム寄りの言語。

ライブラリ、ソフトウェア

C#（シー・シャープ）

C とは違うけれど、もともとは C に似た感じで書けることを目指して作られた言語。ゲーム開発に向いている。

ゲーム

MAYA EMBEDDED LANGUAGE（マヤ組み込み言語）

Maya（マヤ）というソフトウェアの中で使われる言語で、似た言語が Pixar（ピクサー）の映像作品で 3D アニメーションを動かすのにも使われている。Maya のなかで、Python を使ってアニメーションや 3D モデルを生成することができる仕組みのこと。

ゲーム、アート、アニメーション

※4 この一覧にはありませんが、プログラミング言語として Ruby も広く使われています。Ruby on Rails（ルビー・オン・レイルズ）というフレームワークとともに、ウェブアプリケーションのプログラムに使われることが多いです。mruby という組み込み目的のバリエーションもあります。

組み立てよう

　使う言語を絞り込んだら、ようやく組み立てに入る番。つまり、ついにプログラムを書き始めるってこと。

> **ポイントメモ：**
> **プログラムをきれいに保ち、バックアップを欠かさないこと！**
>
> 　プログラムを書き始めると、新しいファイルをたくさん作るし、古いファイルも保存していくことになる。自分自身のためにできる一番のことは、そのファイルたちをちゃんと系統立てて、きれいにまとめておくこと。命名規則[9]をきちんと守って、作成日やバージョンを整理しておくこと。毎回、いろいろなものに同じルールで名前をつけること。作ったものは、毎日外付けのドライブかウェブ上の自分のアカウントにアップして、自分が作業をしているコンピューターとは切り離した場所にバックアップを取ること。こういった良い習慣があれば、すぐに目的のものを見つけることができるし、何か問題があった時に手直しするのもすぐにできる。

※9　ファイル名やプログラムのなかに使う変数名などをつけるときにしたがうルールです。ルールは自分で決めることも、プロジェクトごとに話し合って決めることもあります。このルールがあることで、探しやすく、また意味のわかりやすい名前になります。

ようやくここまで来た。あなたはいま、プログラミングをしてる！　これまでのデザインやそのほかの工程をきちんとやっているなら、プログラミングはただ用意したアルゴリズムを、プログラミング言語で書き表すだけのこと。
　すっごく簡単でしょ？

うまくいかないことが起こるとしたら、何だと思う？

デバッグ

　オンラインの教材をいくつか終えて、プログラミング言語を1つ使えるようになったと思って。ノートパソコンがあって、あなたの気持ちをプログラミングで表現していく。文字を書き進め、変数やループを書き、引数や関数を追加する。熱狂的にプログラミングを進める。きっとすごいことが起こる。最高のものができ上がりつつある！　プログラムの最後の行を書き終わって、それを実行する。すると、学校で証明写真を撮る日にできるニキビみたいに、ポップアップが出てくる：

> **THE DREADED ERROR MESSAGE.**
> 恐怖のエラー・メッセージ

　プログラミングの現実と向き合うときがきたようね。それは実行テストと、それから……

デバッグ

　プログラムを書くことと、それを実行することは、それぞれ別物なの。書いたプログラムを試す段になると、だいたい最初の実行で、なにかしら思いがけない障害にぶつかると思って間違いない。コンピューター・サイエンスでは、プログラムのなかで何かうまく動かないものがあると、それを「バグ」と呼ぶ。そして問題を見つけて、原因を特定して、解決することを**デバッグ**（バグ取り）っていう。

どうしてそう呼ぶの？

　コンパイラの発明者※1、グレース・ホッパーのこと覚えてる？　彼女が「デバッグ」って言葉を作った。逸話によると、彼女はコンピューターの不具合を1カ月間も調査して、ハードウェアに入り込んだ蛾が原因であることを突き止めた。問題を解決するのに、彼女は文字通り「デバッグ（バグ取り）」する必要があった、つまり、不具合を起こしている虫（バグ）を取り除かなきゃいけなかったってわけ※2。そうやってこの言葉が生まれたの。

シンタックスかロジックか

　あなたのノートパソコンの周りには虫が飛んでいないとして、ほとんどのプログラムの問題は2つのタイプのエラーのどちらかに分けられる。

　シンタックス・エラー（文法間違い）は、プログラムの書き方の問題。文字やシンボル、スペースを入れ忘れたり、コンマを書きそこねているタイプ。

　ロジック・エラー（論理間違い）は、アプリケーション・フローに関する問題。コンピューターに、意味の通らないことや、不可能なことをやるように命じているタイプ。

　いくつか JavaScript のコード例を見てみましょう。

※1　1957年に IBM のジョン・バッカスのチームが開発した FORTRAN コンパイラを、「世界初の完全なコンパイラ」とするのが一般的です。
※2　有名な逸話ですが、実は間違いです。「バグ」は、コンピューターに限らず、機械の不具合を表す言葉として、グレースより前に発明家のトーマス・エジソンも使っていました。グレースは不具合の原因として蛾を見つけたとき、「本物の虫が『バグ』として発見された最初の例」と表現したのです。

間違ったコード	正しいコード
var myName = Leila";	var myName = "Leila";

シンタックス・エラー

これはシンタックス・エラーの例。JavaScript は（ほかの大体の言語も）、レイラの名前みたいな文字列は、クオート（"）で両側を囲まないといけないから。シンタックス・エラーはプログラミングではすごくよくあるミスで、セミコロン（;）を書き忘れたり、スペースの入れ方が正しくなかったり、タイポ（打ち間違い）で起こったりする。

間違ったコード	正しいコード

var numberOfPeople = 0;
var pizzaSlices = 12;
pizzaSlicesPerPerson = pizzaSlices / numberOfPeople;
	var numberOfPeople = 4;
	var pizzaSlices = 12;
	pizzaSlicesPerPerson = pizzaSlices / numberOfPeople;

ゼロ除算エラー

パーティーの参加者数（numberOfPeople）と、ピザのピースの数（pizzaSlices）の変数を用意した。ピザのピースの数をパーティーの参加者数で割れば、1人あたり何ピースが行き渡るかわかるはず。でも、わたしたち人間と同じように、コンピューターはゼロでの割り算のやり方は知らないの。だから何人かはパーティーに呼ばなきゃ！

間違ったコード	正しいコード

if (myAge = 12) {
   alert("Only one more year until I'm a teen!");
}
	if (myAge == 12) {
	   alert("Only one more year until I'm a teen");
	}

if（もし）文では＝記号を2つにして使うこと！

if 文の条件で、あるものが別のものと同じであることをチェックするには、＝記号を2つ並べて使わないといけない。この例の左の方では、自分の年齢（myAge）の変数が 12 と等しいことをチェックするつもりで、myAge に 12 を代入しちゃってる！

間違ったコード	正しいコード

pizzaSlicesEaten = 0;
do {
   self.eat("pizzaSlice");
 	
} while (pizzaSlicesEaten < 3);
	pizzaSlicesEaten = 0;
	do {
	   self.eat("pizzaSlice");
	   pizzaSlicesEaten = pizzaSlicesEaten + 1;
	} while (pizzaSlicesEaten < 3);

無限ループ

食べたピザのピース数（pizzaSlicesEaten）が 3 より小さいうちは、ピザを食べ続けるループがある。でも、左のプログラムでは、無限ループになっちゃっている。ループのなかを通るたび、pizzaSlicesEaten を 1 増やす処理を書き忘れちゃっているの。永遠にピザを食べ続けなきゃいけない！

> こういう間違いは、どうやって直せばいい？

　使える作戦はいくつかある。でもまずは、エラーを見つけるところから。自分のプログラムにエラーがあるかをチェックしたいときは、まずプログラムを実行してみましょう。何か問題があったら、どんなプログラミング言語を使っていてもたいていは、どこでなぜエラーが起こっているかを教えてくれるエラー・メッセージが表示されるはず。

　次にやることは、エラーの種類を特定すること。それはシンタックス・エラー？　それともロジック・エラー？　もし思い通りにプログラムが動かないとしたら、それはロジック・エラー。タイポ（打ち間違い）で、そもそもプログラムが実行できなければ、それはシンタックス・エラー。エラー・メッセージがあれば、それは大きな手がかりになる。そのメッセージの意味を理解できればね。

> どうやったらエラー・メッセージの意味がわかるわけ？

　忘れないで。いつだって助けを求めることができる。次に挙げるちょっとした「お助け」ガイドのとおりにするのがおすすめ。

誰に、いつ、助けを求めるか

1番目：自分の優秀な頭脳

そりゃそうよね。自分自身に尋ねるところから始めましょう。まず、エラー・メッセージが自分で理解できるかどうかを考えてみる。エラー・メッセージには、十分にわかりやすいものもあるし、エラー・メッセージが挙げた（問題のありそうな）行に戻って確認するだけで、すぐに間違いを見つけられることもある。

2番目：インターネット

そう、いわゆるインターネット、すばらしき検索エンジン、掲示板、技術ブログ、ハウツー動画が溢れる世界。そこには解決への糸口がたくさんある。エラー・メッセージをググって、解決に役立つ答えが得られるか試してみましょう。エラー・メッセージを、使っているプログラミング言語の公式**ドキュメント**で検索してみるのもいい。公式ドキュメントっていうのは要するに、その言語の取り扱い説明書。技術の詳細についての説明が書いてあり、その言語を使うユーザー向けのガイドのこと。たいていはプログラミング言語の公式ページから、ドキュメントへのリンクを見つけることができる。

３番目：友だち

まだ困ってる？　それじゃあ友だちに聞いてみましょう。共同制作している友だちか、似たようなプロジェクトを進めてる子だとなお良し。その友だちが、あなたが困っているのと同じ問題に行き当たって、もう解決済みってこともあるからね。友だちはよろこんで解決に協力してくれるはず。それが友だちってものだから！

最終手段：先生や先輩

最後の、でも大事な相談先として、先生や先輩がいる。
お兄さんやお姉さん、友だち、プログラミングができる近所の人、Girls Who Code を通じて知り合った人が先輩になってくれるかも。あらゆる種類のすばらしい情報源になるのは、先生。プログラミングを教えてくれる先生だけじゃない。先生っていうのはプログラミングに限らず、生徒が困難を乗り越えて学び続けるのに協力するのが大好きな人たちだからね。

> どうしてこの順なの？
> 最初に先生に聞いちゃいけないの？
> 先生なら、多分答えを
> 知ってると思うけど。

　こう考えてみて。20 年があっという間にすぎて、あなたは夢を叶えて希望の仕事をしている（それは IT 企業のエンジニアかも）。新しい重要な仕事、大きなプロジェクトの上司の補佐を任されたところ。報告書に、理解に苦しむところがあるとする。毎回その上司に e メールで質問する？ それともまず自分で調査したり、同僚と確認したりして問題を解決しようとする？

> そっか、まずは自分でやろうとするかな。上司はわたしができるって信じてくれてるわけだし、自分の責任範囲でもあるし。

もしわからないことがあったら、知っているふりをするより、助けを求めたほうがいい。いつでもね。でも、自分でできることを増やすのも大事なこと。自分の力で問題を解決することを身につけたら、成長できるし、自分の仕事に責任が持てる。それに、自分の力で難しい問題を解決するたびに、自信を持つことができる。次のデバッグの作戦へと移りましょう。

ラバーダック（おもちゃのアヒル）に話す

手強い問題にぶつかった？　ラバーダック作戦を試してみて。困っていることを、誰でもいいから喜んで聞いてくれる人に、声に出して話してみるの。友だちやお母さん、友だちのお母さん、郵便屋さん、もし誰もいなかったら、机の上のラバーダックに。聞いてくれる相手は、役に立つアドバイスを思いつかないかもしれない。どんな反応があるかは問題じゃないの。問題を声に出して説明することで、見失っていた解決方法を思いつくことがある。画家は次の一筆を描く前に、一歩下がって自分の絵の全体を眺めることがある。それと同じように、問題について話すことで、細かいところから一歩下がって、問題を大きな視点で眺めることができる。そして、うまくすると、解決策を思いつくってわけ。

> ふーむ……
> 君が何をしたいかはわかったよ。
> これは試してみたかい……

エラー探偵

この作戦は、古風な探偵みたいな感じ。人さし指と、ペンと、何枚かの紙が必要になる。自分のプログラムの冒頭から始めて、1行ずつを、事件の証拠を探す探偵みたいに指でなぞっていくの。そうしながら、シンタックス・エラーを探す。出てきた変数名を全部メモしていって、その値がプログラムの各行でどのように変更されているかを追っていく。その値が正しく、矛盾がないことを確かめる。メモの変数の内容と、ワイヤーフレームやアプリケーション・フローの変数の内容を比べる。ロジックに間違いや、何かミスがないかを探す。

printデバッグ使う

　プログラミング言語はたいてい、「print」みたいに呼ばれる、あらかじめ用意されている関数を持ってる。どんな言語でも、公式ドキュメントをチェックするか検索して、print（か、その手の関数）がなんて名前なのかを見つけて。
　この関数は、自分のプログラムのなかで、いろんな変数の値をいろんなタイミングで出力して見せてくれる。これを5行や10行ごとに仕込んで、その部分のプログラムが正しく動いてるかどうかを見るの。どのif文がtrueとして表示されるか、メッセージに出すのも役に立つでしょう。
　基本的にこの方法で、プログラムのどこで問題が起こっているのかをチェックすることができる。ある程度の量のプログラムをまとめてテストして、問題がどこにあるかを特定するのに使うの。

IDE（アイディーイー）を使う

　IDE（Integrated Development Environment：統合開発環境）はプログラムを書くのを助けてくれるソフトウェアの1つ。基本的には**テキスト・エディター**機能と、コンパイラ機能と、プログラムのデバッグをする機能をまとめて備えている。たくさんの方法であなたのプログラミングをアシストしてくれるの。多くの IDE はシンタックス・エラーを自動的に検出して、書いている途中でハイライト表示してくれる。プログラムの自動補完、その他のいろいろな自動化の機能でプログラムを速く書かけると同時に、うっかりしたタイポやミスを減らしてくれるものも多い。

休憩する

　本当に煮詰まっちゃったら、散歩をしたり、お菓子をつまんだり、寝てしまうっていうのも、そこから抜け出すのにすごくいい方法よ。というのも、問題に積極的に取り組んでない間も、わたしたちの脳はパズルのピースを整理して、解決に向けて働いているから。実際、しっかり休憩を取ること、体に良くて栄養のあるものを食べること、友だちや家族といっしょに過ごすこと、新鮮な空気を吸って体を動かすことは、ぜんぶ問題を解決するために大事なことなの。そういうことって、思考を研ぎ澄ますのに必要な材料だから。そして、冴えた頭で考えれば、そもそもちゃんと観察して、問題が起こるのを避けることだってできる。

　大切なことを1つ言い忘れてた。どんな問題でも、一番大事な作戦の1つはこれ。次ページを見て。

不完全さを受け入れる

　女性っていうのは、いつもいろんな種類の矛盾したメッセージを受け続けてる。女性に何ができるか、できないとかいう話題でね。良い子でいなければならない、感じ良くなければいけない、規則は守らなきゃ、親しみやすく、優しく、親切で、すてきで……完璧でなきゃ！

　わたしから言わせてもらえば、そう、大人の、仕事を持った女性で、母親でもあるわたしの言うことを信じてほしいんだけど、**完璧な人間なんていない**。すぐにはピンとこないかもしれないから、念のためもう一回言っておくね。待って、応援を呼んでくる。

> ソノ通リ。
> 完璧ナ人間ハイナイ。
> ロボット　デモネ。

　プログラミングするとき、これが何の役に立つかって？　全部に。きっとあなたは、褒められることに慣れてると思う。きびきび仕事を始めることや、うまくやることや、「いい子」であること。じゃあ、何かうまくいかなかったらどうなっちゃう？　ミスをしたら？　それって、この世界の誰でも、何か初めてのことを学び始めるとき（あるいはそんなときじゃなくても）はよくあることでしょ。

女性は（そして男性も）、自分自身に意地悪になりすぎちゃうことがある。自分にイライラして、怒り狂っちゃう。ばっかみたい、こんなこともできないなんて信じられない、どっかおかしいんじゃない？　なんて、自分がどうしようもないものみたいに思ってしまう。仲のいい友だちにも、先生や両親にも、絶対にそんなふうには言わないのに、どうして自分にはそうなっちゃんでしょうね。もし何かやりたいことがあって、それに成功したいなら、それがスポーツでも音楽でも語学でも、あるいは試験やロボット作りでも、完璧にやろうとしちゃだめ。それよりも、間違うことを怖がらない勇気が大事。とにかくチャレンジしてみて！　何か間違っちゃったらそのたびに、修正の仕方を覚えるってだけ。

　でも一番大事なのは、自分に優しくすること。ミスはするものだと思っておく。きっとやり遂げられる、理解できる、それから、完璧じゃなくても大丈夫だって自分に言ってあげよう。そうしたら、あなたを実際により良いものにしてくれることに立ち戻るの。それは、「やってみる」、「投げ出さない」、「最後までがんばる」。あなたはきっとやり遂げられる。本当のところ、あなたは心のどこかでは、そのことをわかってる。その心の声を認めてあげて。

　覚えていてね。いまこのときに集中して、学び続け、手を動かし続ける。プログラミングにチャレンジする女の子でいるために必要なことは、それだけ。何か新しいことをやって手に入るのは、できあがったプロダクトだけじゃない。そのことに夢中で取り組んでいるっていう感覚、自分のすばらしい頭と、勇気と、物事を理解するための冴えた思考を持っているって感覚が得られるの。

　さあ、プログラミングで世界を変える準備はできた？　みんなが好きな人気ジャンルからはじめましょう。オンラインで遊べて、スマートフォンで遊ぶこともあって、あなたのもっているゲーム機のなかにある——なんだと思う？　いまのあなたなら自分で作ることができるもの！

ゲーム

いま、あなたの頭は、プロジェクトのアイデアでいっぱいなんじゃないかな。もうちょっと、何が選べるかを考えてみようか。何を作りたい？

生き物を捕まえる、キャンディを壊す、カーレースをする、ブロックを積んで世界を作る、パズルを解く、宝物を探す、レベルを上げるためにポイントを稼ぐ——いろんな形があるけれど、ゲームは、プログラミングで作れるもののなかでも、一番人気ね。楽しむだけでなく、物語を伝えたり、プレーヤーの学習にもすばらしい効果がある。ゲーム作りは、プログラミングの手始めにぴったりのプロジェクト。シンプルなものから作り始めて、プログラミングのスキルが上がってきたら、細かいところを作り込んでいける。

どの種類のゲームを作ればいいわけ？いろんな種類がありすぎるんだけど！

　そのとおり！　ゲームの**ジャンル**は、プレイの仕方で分類ができる。たとえばいくつか挙げるなら……

アドベンチャー、RPG
パズル
アクション
シミュレーション
ドライブ・レース
戦略

さまざまなジャンルに加えて、ゲームはいろんな目的に使うこともできる。ただ遊ぶためだけのゲームもあれば、プレーヤーが何かを学習したり、スキルを習得するために設計されたものもある。たとえば子どもにひらがな、算数、パズルや問題解決の方法を教えるゲームみたいにね。ほかには、ある主張への関心を高めたり、映画やキャラクター、ブランドとタイアップしたものもある。

　あなたがプログラミング（**コンピューター・プログラミング**）以外に抱いた興味がどんなものでも、ゲームに取り込むことができる。文章を書くのが得意？　RPGには、キャラクター、脚本、セリフがないといけないし、よく練られた物語も必要。数独やクロスワードパズル、数字や図形を用いたパズルが好き？　パズルゲームは、デザインと問題解決、そしてプログラミングを1つに融合する、最高の方法。地図や風景、あるいはいろんな自然環境に興味がある？　シミュレーションゲームはその全部に関係してくる。

> ゲーム作りに、そんなにいろんなことが関係しているなんて初めて知った。よけいに、何から始めていいかわかんないよ。

　Girls Who Codeのメンバーと、彼女たちの作ったゲームについて話をしてみましょうか。**ゲーム作り**のポイントがわかるかもしれない。

Career Couture（キャリア・クチュール）

グローリー・K.、ザラ・L.、マリア・M、ナニー・N はニューヨークの Girls Who Code で、その卒業制作としてこのゲームを作りました。5 歳から 12 歳の女の子をターゲットにした着せ替えゲームで、それぞれ違った肌の色、髪型、体型、それから職業に応じた魅力を表現することに力を入れています。そして、ユーザーが選んだ分野に合わせて、女性に関する興味深い情報を教えてくれます。

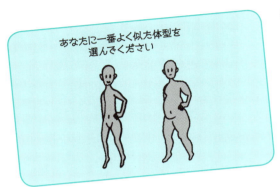

どんなふうにこのゲームのアイデアを思いついたの？

グローリー：Girls Who Code でチームを組んだんだけど、わたしは、女の子を元気にするものが作りたかったんです。ほかのみんなもおんなじ気持ちでした。着せ替えゲームを思いついたのはマリアだったと思う。

どうして着せ替えゲームにしようと思ったの？

マリア：わたしが小さかったころ、オンラインの着せ替えゲームが好きだったんです。でも、当たり前なんだけど、ゲームに出てくる人は現実の人っぽくない。これがわたしたちのアイデアの元になりました。さまざまな人種やいろいろな個性の違いを表現できたらって。

ザラ：わたしはアフリカン・アメリカンです。大きくなるにつれて、この手の着せ替えゲームの多くが、黒人の女の子をキャラクターに設定できるとしても、肌の色は 1 種類の褐色のトーンだけだなって感じるようになりました。暗いトーンの肌の子も、明るいトーンの肌の子も、いろんな色合いもない。髪もだいたいストレートで、わたしみたいなのはない。わたしの髪は縮れているけど、こういう髪を目にせず

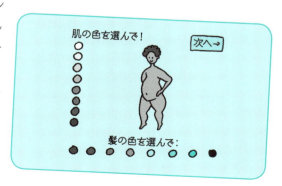

に大きくなっていくと、この髪がきれいだって思えなくなります。だからわたしは、わたしたちにとって自然な髪型も選べるようにして、女の子たちに、きれいでいるのには、まっすぐな髪でなくてもいいんだよって示したいと思ったんです。

ゲームのなかで、職業を選べるようにした理由は？

マリア：わたしたちはこのゲームを、自分がどう見えるか、だけじゃなくて、どんなふうになれるか、そうしてどんなふうになりたいか、憧れを表現できるものにしたかったんです。

グローリー：ほかの着せ替えゲームとは違うものにしたかった。ほかのゲームでは、歌手になれたり、お姫様になれるものもあったんですけど、わたしたちはそうじゃないものがたくさん選べればいいなって。そして、どんなものを選んでもそれはすてきなことだし、どんな職業を選んでもうまくやれるって伝えたかった。

じゃあ、どうやってそれを作ったかを教えて。
どんなプログラミング言語を使って、どういうふうに始めた？

ザラ：わたしたちは実際に動くコードじゃなくて、まず擬似コードをホワイトボードに書き出しました。それについて話し合って、どんなプログラミング言語を使っていくのかをはっきりさせようとしました。

マリア：最終的には、JavaScript を使いました。ウェブアプリケーションの形をとるので、HTML も少し。

グローリー：ナニーは絵も描けたから、イラストを全部担当してくれました。

じゃあプログラミングだけじゃなかったんだ。アートの要素もあった、と。その2つを、こんなにうまく組み合わせるにはどうやったの？

マリア：ナニーがイラストを担当するので、彼女にわたしたちみんなで考えているアイデアを話しました。ナニーはそのアイデアをふまえて、自分のイラストのスタイルに落とし込んだんです。このやり方はすごくうまくいきました。

グローリー：わたしたちは全員でプログラミングしたので、まさしく合作でしたね。みんなで音楽を聴きながら、プログラミングしたりおしゃべりしたりしました。

ザラ：すごく楽しかった！

マリア：プログラムの全部の行を、全員でいっしょに書いたと言っていいと思います。コンピューターに隣り合って座って、「これをここで試したらどうかな？」ってわたしが言えば、それがどんなプログラムでも、グローリーが「いいアイデア。やってみよう」って言う、みたいな感じです。

一番難しかったのはどこ？

マリア：髪の色と肌のトーンを変えるのは本当に大変でした。それで、ナニーは１枚ずつ別々に髪と肌の色を塗ったものを作り、わたしたちはそれらを表示するようにプログラミングしたんです。これで、プログラムから色を変更するという複雑なことをする必要がなくなりました。すでにあるイラストを使えばいいんですから。

プロジェクトで一番よかったところは？

グローリー：わたしたちは、女の子を勇気づけて、自分に自信が持てるようにすることに夢中ですし、そんな活動を始められたことにワクワクしました。わたしたち３人がすごく仲が良かったのも、すてきな体験になった大きな理由だと思います。

マリア：何か動くものをイチから作って、それに命を吹き込むのは、すごい体験でした。Girls Who Code に入る前は、コンピューター・サイエンスのことなんてなんにも知らなくて、白紙の状態から始めて、自分のアイデアがうまく取り入れられて、本当に、心から誇らしいものになって……信じられないくらいすてきなことでした。

ザラ：わたしはこのゲームを作るまで、プログラミングをしたことも、それが動くのを見たこともありませんでした。ほんとにすごかった！　わたしたちが作ったゲームをプレイして、それが動いたとき、泣いちゃいました。わたしはこの活動を通じて、プログラミングのやり方を学び、親友も見つけたんです。

どう思う？　何か思いついた？

みんなが、女の子が自分の好きなやり方できれいになれるし、どんな職業でもうまくやれるってことに気づかせるゲームにしたのが良かったと思うな。

わたしも同感。それで思いついたんだけど、わたしは動物が好きで、絶滅危惧種を保護するいろんな保護活動グループに注目しているの。ゲームなら、ほかの子たちにも興味を持ってもらえないかな。

わぁ、こんなゲームが作れるんじゃない？プレーヤーは、野生動物のすみかを守る手助けをしなくちゃいけない。それで、なぜ動物たちが絶滅の危機に瀕してるのかと、それを助けるために何ができるかを学ぶってわけ。

プロジェクトの始め方について習ったこと全部を使って、計画を立てよう。

最初に何をするのがいいかな？

すばらしいスタートを切ったようね。次のステップは、ゲームのなかでどんなふうにポイントを稼いで、それを勝ち負けにつなげるのかをはっきりさせること。どんなループや変数や条件を用意する？

プレーヤーが保護した動物の数を変数に入れたらいいんじゃないかな！

```
var totalAnimalsSaved = 15;
```
変数「保護した動物の数」に 15 を代入する

ゲームの終わりに、if文を使って、プレーヤーがすべての動物を保護できたかどうかを判定すればいいよね。

```
if (totalAnimalsSaved == 15) {
    alert("You saved the animals!");
}
```
もし、「保護した動物の数」が15だったら、
「すべての動物を保護しました！」とアラートを出す。

　もうわかってると思うけど、ゲームを作るにはたくさんの手順が必要。でも、とっても単純なゲームでも、チャンスをつかまえたい！っていう心がけがあれば、予想もしなかった方向性で世界に影響を与えることができる。
　ゲームデザイナーのチェルシー・ハウの話から、それを感じてみて。

プロに学ぶ
ゲーム開発者

わたしがゲーム作りにかかわるようになったのは、わたしがゲームにずっと夢中でいたから。そして、わたしが作った世界観や物語、キャラクターを、ほかの人に体験してもらえるってことがすごく好きだったから。それで、ゲームを作ってお金を稼げるって知ったときに、それがまさしく人生をかけてやりたいことだって気づいたんです。

でもゲームデザイナーになるまでのキャリアは、回り道の多いものでした。チェルシーはその情熱を追い求め、自分自身でチャンスを作っていく必要がありました。

最初は英語以外のほかの言語を学ぶために大学へ行きました。というのも、尊敬するライターの多くが、ほかの言語や言語学を大学で専攻していたからです。入学してみると、そこにはゲームについて専門的に学べるコースがありましたが、たったの２クラスだけでした。当初の予定とは違う（ゲームの）専攻に飛び込んで、自分の専攻をゲーム作りにかかわるものにできたんです。信じられないくらいすばらしい教授に師事しました。彼は、わたしがテクノロジーと芸術の領域の重なり合う部分に興味があることに気づいて、大きく前進する手助けをしてくれたのです。

働くようになって、チェルシーは子どものころにいつも夢見ていたようなゲームを作る機会に恵まれました。

大学時代にたくさんのゲームを作りました。そのなかの１つについて発売の契約を結んだので、大学を出てすぐ、友人といっしょに会社を立ち上げました。同時に、任天堂 Wii 用のゲームのプロデューサーとしても働きました。Wii

が新しくて、流行っていたころのことです。

FarmVille（ファームヴィル）のプロジェクトも担当しました。農場をシミュレーションするソーシャルゲームです。その頃は、FarmVille は 3200 万人が毎日遊ぶゲームだったんです。そんなたくさんのユーザーに、農業と畜産、植栽のゲームを通じて影響を与えるのは、とても刺激的でした。わたしはかなり暴力的な表現があるゲームをたくさんして育ったので、おばあさんが孫といっしょに遊べるような、世界中のあらゆる年代のあらゆる人たちがプレイするゲームに貢献するのは、本当に最高でした。

そして、ゲームは楽しいだけじゃない、もっとすごいものだってわかったんです。人生を変えることができるものだって。

それは「スーパーベター」[※1]というゲームにかかわったときのことです。これは要するに、心理学とゲーム的な要素を利用し、プレーヤーが現実の生活で困っていることを克服できるようにするゲームです。ゲームに関する心理学を勉強して知ったすてきなことは、人はゲームをする時、自分が（いつか）勝つだろうと思っているってことです。そのため、プレーヤーは何度も何度も何度も挑戦します。さらに、ゲームをしている時には、こういう気持ちでいます。「自分はもっとうまくなれる。練習して、いつか勝つことができる」こういう気持ちでいると、本当に、ものすごく一生懸命に挑戦することができるんです。わたしたちゲーム開発者はこれを利用して、プレーヤーに（ゲームだけでなく）自分の実際の生活をそんなふうに考えて、「やり続ければ、克服できる」という心がまえを持つように仕向けたんです。

さて、ゲームのほかにはどんなプロジェクトがあると思う？

ヒントを出しましょう。プログラミングはただ楽しみのためのものだったり、ゲームを作るものなだけじゃない。それはアート作品を生み出し、漫画のキャラクターに命を吹き込むことも、あなたの笑顔を音楽に変換することもできる。

※1　このゲームは書籍化されています。『スーパーベターになろう！──ゲームの科学で作る「強く勇敢な自分」』（早川書房、2015）

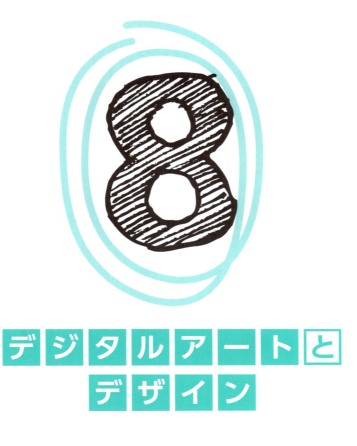

デジタルアートとデザイン

　もしコンピューター・サイエンスのほかにも興味や趣味があるなら、プログラミングは、あなたがこれまでやってきた活動を創作につなげる、すばらしい手段になる。みんなは、プログラミングを、どんなふうにほかの夢中なことに使いたい？

プログラミングが、わたしのアートの活動にどんな風に使えるかを知りたいな。「Photoshop」（フォトショップ）と「Illustrator」（イラストレーター）※1は触ったことがあるんだけど、アートにプログラムが使えるの？

※1　どちらもAdobe社のソフトウェアです。Photoshopは写真加工に、Illustratorは画像作成・編集に主に使われます。

もちろん！ 視覚芸術、デザイン、ファッション、音楽、演劇、写真、映像、アニメの世界ではいま、ものすごいことが起こっているの。すべてプログラミングを使ってね。言ってしまえば、どんなジャンルのアートも、全く新しい何かを作るためには、何かの材料と道具を使った作業が必要でしょ。それが絵の具でも粘土でも、楽器や音でも、動きや言葉でも。プログラムも、その材料になる。あなたが使える材料が1つ増えたっていうだけ。プログラミングは、創造のための道具で、使い方によって可能性は無限大になる。

　でも、わたしの言葉をそのまま信じなくてもいいの。トラン・Pの話を聞いてみましょう。サンフランシスコのGirls Who Codeで、彼女とそのチームメイトのサンドラ・V、アンジェラ・K、リリー・Yが取り組んだ「LED It Glow（レット・イット・グロウ）」の話よ。たくさんのLED[※2]の光を、音楽に合わせて点滅するインタラクティブなディスプレイに変身させたの。LED It Glowは音楽を光に変えるから、パーティーやダンスにぴったり。トランの言葉を借りるなら、「もし音楽が、音を聞いて感じるものなら……このLEDキューブは、音楽を目で感じるものなんです」。

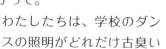
LED It Glow（レット・イット・グロウ：光らせて）

LED It Glowを思いついたときのことを話してくれる？

トラン：わたしたちのグループは、知らない同士で偶然に集まったんです。話し始めてみたら、みんな音楽と、ビジュアル・アートと、デザインが好きだってわかって。

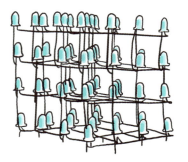

わたしたちは、学校のダンスの照明がどれだけ古臭いミラーボールとストロボかって話で盛り上がって、もっとカッコいいのが作りたいよねって話になりました。それで、音楽のビートに合わせて光る、わたしたちオリジナルのキューブ・ライトをイチから作ろうって思いついたんです。

※2　LEDは、light emitting diode（発光ダイオード）のこと。LEDに電圧を与えると光ります。
※3　ここではArduinoボードというハードウェアのことです。

すごくユニークなプロジェクトね！　どんなふうに始めたの？

まずウェブでほかのLEDを使ったプロジェクトを検索しました。いくつかはすごく役に立つ説明があったんですけど、ほとんどは8インチ（20.32cm）四方の立方体でした。わたしたちの制作期間は一週間しかなかったので、4インチ（10.16cm）の大きさで作ることに決めました。基板には「Arduino（アルデュイーノ）※3」を使って、「Processing（プロセッシング）※4」でプログラミングしました。

どこで必要な材料をそろえたの？　LEDとかハードウェアとか。

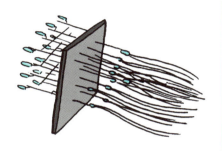

Girls Who Codeの教室にArduinoとLEDは用意されてたので、わたしたちはそれを集めるだけでよかったんです。その2つを結合させるのに、はんだごてとワイヤーを用意しました。ワイヤーを1本ずつ曲げて、横一列にはんだづけ※5して、まずそれぞれのライトがちゃんと光ること、次に同じ列ごとにうまく光ることをチェックしました。

プログラミングはどんなふうにした？

わたしは主にLEDのはんだづけなどのハードウェア担当で、チームメイトがプログラミングをしたんです。彼女たちはまず、それぞれの歌のbpm（beats per minute/ 拍数）を調べるところから始めました。そして、そのbpmをもとにパターンをプログラムしました。歌のbpmを調べるために音楽データを作って、そこからパーカッションの部分だけを抽出できるようにもしました。プログラムがビートを探し当てたら、そのパターンに合うように光らせるんです。

このプロジェクトで一番面白かったのはどこ？

LEDをArduinoにつなげるところと、はんだづけですね。LEDが壊れることもあるので、LED電球の交換時はとても慎重に扱う必要があります。でも、はんだごてでボードにうまくつないで動作したときは、すごく達成感があるんです。新しい体験でした。そして、自分自身で何かを学んで身につけたときの、やりとげた気持ちがありました。

※4　プログラミング言語です。95ページを参照してください。
※5　はんだという合金をはんだごての熱でとかして、部品をつなぎ合わせることです。

あなたのプロジェクトは、プログラミングがどのようにアート表現の形になるかっていう、すごくいい例ね。

わたしは絵をたくさん描くので、音楽を目に見える形にするプロジェクトはすごく楽しかったです。バーチャル・リアリティと、それをビジュアル・アートに応用する可能性にも興味があります。アートやデザインに興味がある人なら、プログラミングをやってみたほうがいいよってお勧めします。なんでも挑戦する気持ちを持ってほしい。だって、できることが多くなれば、好きなことと結びついて、それをどうやって作ればいいかがわかるから。

　LED It Glow は、プログラミングがアート、デザイン、音楽と出会ったときに生じる幅広い可能性の、たった1つの例でしかない。ブレインストーミングを始める前に、アーティストがプログラミングでやっていることを、ほかにもいくつか見てみましょう。

ビジュアル・アート

　アニメーション、映画、写真の革新から、触れるだけで変化するようにプログラミングされた3Dの世界に入っていけるバーチャル・リアリティの風景まで、アートとプログラミングはますます結びつきを深めて、その境界線が曖昧になっている。

　新しく出てきた、**ジェネレーティブ・アート**はそのなかでも特に最先端の分野。このタイプのアートは、コンピューターが、一定のアルゴリズムにしたがって自動的に映像を生成する。アーティストは画像の形やスタイル、色について、細かく事前に決定することはない。その代わりにアーティストは、定めたガイドラインに沿って、コンピューターに映像を生成させるアルゴリズムを創り出すの。

　動きのないアート作品に、プログラミングで生命を吹き込むこともできる。アーティストは漫画やイラストを、スマートフォンのカメラでスキャンして、

アニメーションさせることができる。モーション・キャプチャー技術、高精度なスキャン技術、そして 3D モデリングによって、驚くほど細かくてなめらかに動く作品を作ることを可能にし、さまざまな映像作品に使われている。

　データの可視化も、プログラミングが使われる人気の分野ね。アーティストは、データから見いだされるパターンを目で見てわかりやすいよう色をつけ、形を整えて、その情報がどんな意味を持つか、見る人によく理解させてくれる。

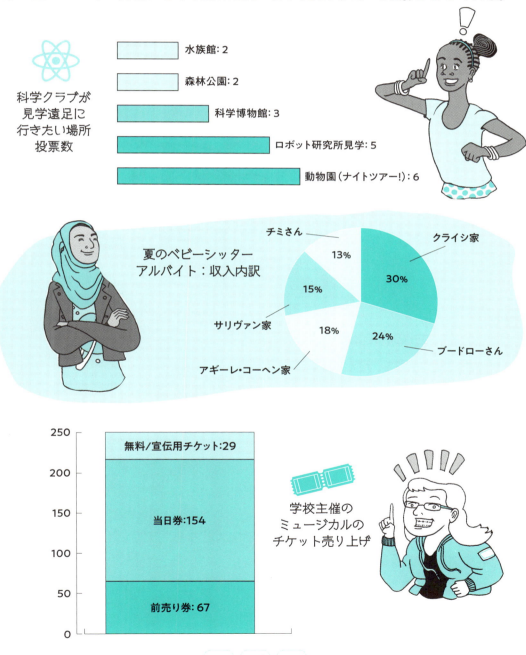

デザイン/ファッション

　スマートウェアやスマートアクセサリーは、機能性と見た目を併せ持った、ファッションの大きな分野よ。メガネ、アクセサリー、衣類にプロセッサ[※6]が組み込まれて、持ち主の位置情報などをデータとして送り続けて安全を保証してくれる。心拍数や歩数を計測し続けて、健康を保つスポーツウェアもある。

　かっこいい時計やメガネをつけることで、スマートフォンの機能の多くを使うことができる。LEDで光るドレスで、どんなパーティーでも輝くこともできる！　こういったデザインは、全部プログラミングが支えているの。

　3Dプリンターの発明も、デザインの世界に数々の新しい可能性を開いた。3Dプリントは、柔らかい素材で作られたフィラメント（長い糸の形のもの）を巻いたものをプリンターに通し、とても薄い層を1枚1枚重ねていく。この層が形を作り、最終的に作りたい形に固まる。

フィラメントの素材は、プラスチックがふつうだけど、チョコレートメーカーの「Hershey's」(ハーシーズ)は、いくつかのすばらしい彫像をチョコレートのフィラメントで作ったことも！　三次元の印刷技術によって、デザイナーは、手で触れられないコードを確かな形へと変えた、精巧で軽量な「もの」を作れるようになったの。

音楽

　作曲とプログラミングは似ている。それはどちらもアルゴリズムだからね。音楽を楽譜に書き留めるのは、音を記号化しているということ。だから、**アルゴリズムを利用した作曲**（アルゴリズミック・コンポジション）とい

※6　プログラムの命令を処理するコンピューターの部品です。

う分野があることのは、驚くようなことじゃない。これは、アルゴリズムを使って、作曲家なしでコンピューターに音楽を作らせることだから、ジェネレーティブ・アートの一種といってもいいでしょう。

　ジェネレーティブ・アートのプログラマーは、本のなかの言葉や顔の特徴、地図上の位置情報などをデータとして扱い、そのアルゴリズムに利用するの。そうすれば、すばらしい小説を歌に変換することも、あなたの笑顔から交響曲を生成することもできる。専用のハードウェアキットを買えば、いろいろなものを電子音楽にすることだってできる。ジャム入りドーナッツでジャズのジャムセッションができるなんて、考えたことある？

いくらでもかっこいいことができそう！

わたしの作ったコラージュをアニメーションにして、見ている人の動きに応じて動かしたりできるかな。それか、わたしが選んだ素材から、コンピューターにコラージュを自動生成させるプログラムを書いたり！

　そうね、なんだってできる。だから、まずやりたいことを絞り込んで、計画を立てるのが良さそう。

すばらしいブレインストーミングね！　手堅く自分でもできそうな方法を考えてる。次は、どんなふうに、どんな条件でパーツを動かしたいかを考えてみましょう。それからそのアイデアを擬似コードに書き出してみて。

わたし、
クリックしたら、自分の顔を
ぐるぐる回してみたい！

擬似コード

```
if face_picture is clicked:
```
もし　顔の写真がクリックされたら：
```
    rotate face_picture 360 degrees
```
　　顔の写真を360度回転させる。

コラージュには子犬の写真もある。
この写真をどんどん大きくしたいな。

擬似コード

```
repeat forever:
```
ずっと繰り返す：
```
    increase the width of the puppy_picture by 5px
```
　　子犬の写真の横幅を5px増やす。
```
    increase the height of the puppy_picture by 5px
```
　　子犬の写真の高さを5px増やす。

すべてのアートと同じように、あなたのプログラムを動かすためには、ちょっとした実験や、とてもたくさんのトライ＆エラーを必要としてる。最初に計画したとおりにうまくいかなくても、きっとすばらしい解決策を思いつくはず。ダニエル・フェインバーグの話を聞いてみましょう。

CH.8　G W C　P. 131

プロに学ぶ
ピクサーのライティング撮影監督

ダニエル・フェインバーグ

ダニエル・フェインバーグは、みんなが大好きなアニメーション映画『ファインディング・ニモ』、『バグズ・ライフ』、『モンスターズ・インク』、『ウォーリー』、『メリダとおそろしの森』に、プログラミングの技術を注いできました。彼女の仕事は、アートとプログラムの、驚くべき融合です。彼女がそれをどうやって始めたのか、一番気に入っているのはどの部分か、間違いがどんなふうにひらめきにつながったのか、聞いてみましょう！

わたしの肩書きは、ライティング撮影監督です。わたしたちの映画の、光の当たり方を監督しています。わたしたちは三次元の世界をコンピューターのなかに作り上げ、光源を示すアイコンを置いて、それを三次元の世界のなかで動かすんです。だから日没には、わたしはその世界の太陽を輝かせて、それを地平線近くに持ってきて、色をオレンジに染め、青紫の光を空から降り注がせます。わたしは影、色、雰囲気、光量をコントロールするんです。

ダニエルの仕事は、あらゆる種類のいろんな方法でプログラミングを利用します。

わたしたちが光を配置するのに使っているソフトウェアは、何百万行ものプログラムで作られています。自分でちょっとしたプログラミングをすることもあります。日々の業務を楽にするためにね。新しい光を創り出すためにプログラミングすることもあります。『ファインディング・ニモ』では、わたしたちが「うすにごりの光」と命名した新しい光を作りました。これは、水を通り抜けるときに、光がどんな動きをするのかを真似して再現したものです。

ダニエルは小学4年生のときに、初めてプログラミングの教室に入ったときから、プログラミングとアートの両方が好きでした。

わたしの初めてのプログラミングの経験は、絵を作ることでした。わたしは

すっかりそれに夢中になりました。ちょっとしたコードを書けば、絵を作ることができるんです。

わたしの両親はどちらも芸術を愛していました。姉は大学で美術を学びましたし、とても小さなころから、両親はわたしたちをアートの教室に通わせました。家の地下室には大きなテーブルと画材がたくさんあり、自由に使うことができました。姉とわたしは地下室に降りて行って、何時間も自分たちで作品を作って遊びました。

ダニエルにとって、プログラミングとアート作りは同じものです。

プログラミングは、すごくクリエイティブな活動です。どんなプログラミング言語でもいいので、あなたの「道具箱」にプログラムのコマンドをそろえておくのはすごくいいことだと思います。最終的に実現したい形があるとしたら、それを小さく分割していっても、使えるコマンドは限られている。そんなときに、「この手持ちの道具で、どうやったら作りたい形を作れるかな？」って考えるのは、すごくクリエイティブでしょう？

もし思いついたアイデアとプログラムが計画通りに動かなくても、その経験は新しいひらめきにつながってくれます。アーティストのなかには、それを「幸せな事故」って呼ぶ人もいますね。

プログラミング中のつまずきのたいていは、全然「幸せ」ではありません。『メリダとおそろしの森』の制作のとても初期の段階で、わたしは霧を立ち込めさせて、それに光を当てて、森らしい見た目を作ろうとしていました。わたしのプログラムにバグがあって、コンピューターはすべての光を落としてしまい、霧だけが残ってほかはすべて真っ暗になってしまいました。そのときの光景は森の奥深さを感じさせ、植物のシルエットだけが際立っていました。とても美しく、わたしのコードのバグからこんなものが生み出されるなんて予想もしていませんでした。そう、大切なのは、ひらめきがいつ訪れてもいいように、心を自由にしておくことです。

チャンスとひらめきに対して敏感でいることは、プログラマーとして成功するにはとても重要。でも、それだけでは十分じゃない。ほかの人の意見を受けいれることも、人生を本当に変える力をプロジェクトに与えてくれるの。

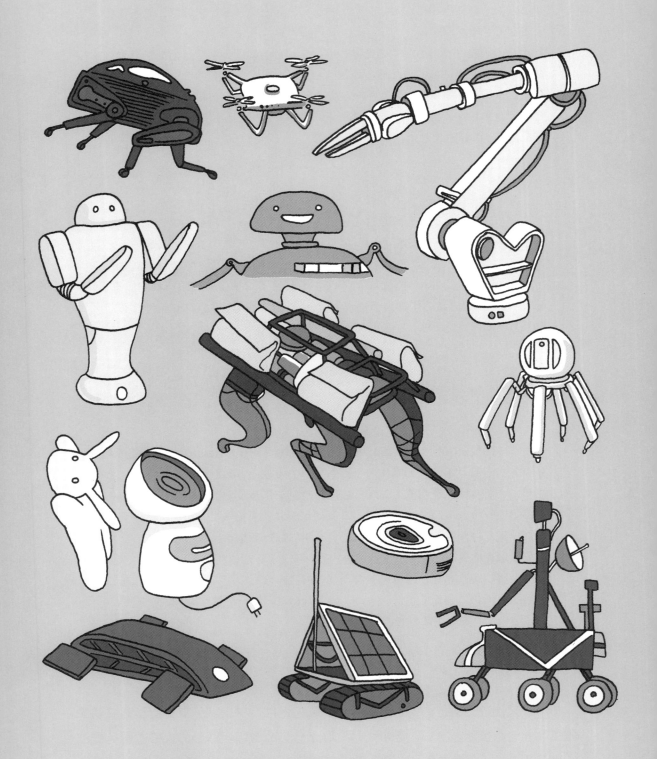

ロボット

ゲーム、アート、デザインと見てきて、次はどんな種類のプログラミングについて話したい？

あっ、わたしロボットがいい！
ロボットにちょっと夢中なんだ。特に火星探査車「MARS Exploration Rovers」（マーズ・エクスプロレーション・ローバー）みたいな、宇宙探査用のやつ！

この章を読んだからって火星探査ロボットが作れるようになるとは約束できない。でも確かに、ロボットに関するプログラミングのプロジェクトはたくさんあって、本当に役に立つものが山のようにあるの。

　ロボットをはじめとしたすばらしい機械は、昔からわたしたちの想像力をかき立ててきた。ロボットについて話すとき、ほとんどの人は人間の形をした、人格を持ったドロイドを想像するんじゃないかな。『スター・ウォーズ』に出てくるみたいな、考えて、感じて、返事をして、動く機械人間。でも本当は、ロボットはそれぞれいろんな形と大きさがあるの。できることの範囲もとっても幅広い。そうして、1つ1つのその動きをプログラムが制御している。

> いったい、いまどんな種類のロボットがあるの？
> そのロボットは何ができるの？

　ロボットはあらゆる方法で人間を助けてくれる。ロボットには、工場や、牧場や、農場で働くように設計されたものもある。こういうロボットは、人間には苛酷だったり、危険だったり、つらい反復が必要な仕事を任せることですごく役に立つ。

　ヘルスケアのために開発されたロボットもある。お医者さんが外科手術を行うのを補助する手術器具ロボットから、看護師が病院を巡回して投薬するのについて回る、与薬カート（配薬ロボット）までね。人間のお医者さんが、遠く離れた場所にいる患者を診察したり、治療したりできるように、スクリーンとセンサーを備えたロボットドクターも開発中ね。

　ロボット制御の義手や義足をはじめとしたさまざまな補助機器は、障害のある人や慢性的な病を抱えた人を助けるの。その失ったり、傷ついたり弱ったりした体の一部のコントロールを取り戻すことで、その人生をも変えつつある。

　それからナノロボット。いまのところまだSFの世界のものだけど、科学者とエンジニアは一生懸命、そういう極小のロボットを現実のものにしようとし

てる。ナノロボットは砂つぶよりも小さく設計される。いつの日か、この小さなロボットが体内に入って診断をして、切開手術することなく病気を治療することが望まれているの。それにエンジニアは、ナノロボットをプログラミングして、虫のように、群れとして機能させる方法も探してる。そうすることで、人間の手が届かないような狭い場所で仕事をしたり、機械を修理させることができるから。

ナノロボット
（2500万倍に
拡大してる！）

厳しい自然環境や、危険な地域での誘導に使われるものとして、ドローンや遠隔操作ロボットがいる。こうしたロボットは、警察や軍関係者、レスキュー隊の、紛争地帯での活動や災害支援に使われている。

科学者は、似たようなロボットを使って、はるか遠方や、人間が生き延びるのが厳しい環境を探索してる。こういうロボットは、北極の氷冠の上を這い回ったり、太陽系の外側を飛行したり、深海に潜ったりする。そういったロボットたちが集めたデータや撮影した画像は、わたしたちの世界について、まるで違った見方をもたらしてくれるの。

深海探査艇！

でも、そういうのって全部、すっごい仕事をする、**派手な最先端のロボット**でしょ？ ふつうの生活のなかで使えるロボットを作るところから始めたいんだけど、どうすればいい？

CH.9　G W C　P. 137

自分が毎日何をしているか考えてみて。どんなロボットがいたら楽になる？それから、自分の助けになるロボットじゃなくてもいいの。ほかの人の助けになるものでもね。

　アンバー・S、エミリー・D、アイダリズ・D、ヤナンシェリー・Sの話を聞いてみましょう。彼女たちは、Girls Who Code の活動で、まさにそんなプロジェクトを思いついたの。

Seeing Eye Bot（シーイング・アイ・ボット：目で見るロボット）

どうやって Seeing Eye Bot のアイデアを思いついたの？

アンバー：Girls Who Code の活動で、わたしたちはまずダンス・ロボットを作りました。これがすっごく楽しかったから、自分たちのプロジェクトを立ち上げるときに、ロボットで何かしたいと思ったんです。でも、わたしたちは、ただダンスするロボットが作りたいわけじゃなかった。人々の役に立つロボットが作りたかったんです。

この Seeing Eye Bot がどんなふうに動くのか教えて。

ヤナンシェリー：試作（プロトタイプ）として、モーションセンサーと赤外線センサーをハードウェアに備えた、小さなロボットを使いました。これは、進行方向にある障害物を検知し、衝突しないような通り道を計算することができます。わたしたちは、これにプログラムを加えて、障害物に近づいたらその種類に応じた異なる音を鳴らして、ユーザーに、どこに何があるかを伝えるようにしました。

うまく動いた？

ヤナンシェリー：はい、基本的な動作はできるようになりました。動いて、何かを感じて、止まって、迂回する。箱を使って迷路を作ったところ、ロボットはそれを通り抜けることができました。

CH.9　GWC　P.138

このプロジェクトから学んだことは？

アンバー：大きな課題は、ロボットにいくつセンサーを積むかでした。次は、もっとセンサーを追加してみたいです。今回のバージョンでは、あまり大きくは回転できないですし、階段や出っ張りの周囲に通り道を見つけることができません。それでも、ロボットを作る楽しさは、いじってみたとおりに、それが動くのを目で見ることができるところです。組み立てたら試してみて、問題があれば修正して、何か起こればそれを手直しすることができるのがいいところだと思います。

このプロジェクトで気に入ってるところは？

ヤナンシェリー：ほかのメンバーといっしょにプロジェクトを進めるのは、すごく良かったです。このプロジェクトには女の子4人で取り組んだので、4つの違う「ものの見方」がありました。4人でいれば、意見を交換して膨らませることも、それぞれ違った面からお互いに助け合うこともできました。みんなそれぞれ、得意なことや考え方が違ったからです。そして、それって楽しいことでもありました。

どう思った？　まだ火星探査ロボットを作りたい？　それとも、もうちょっと身近なことに役に立つものを思いついた？

> さっきの話を聞いて、弟のことが思い浮かんだな。弟は小学2年生。わたし、弟の宿題を手伝うロボットが作りたい。クイズを出して問題を解かせたり、弟が気を抜かないよう、いっしょに付き合ってくれるロボット。

弟さん思いの、すてきなアイデアね。
どうやって動かそうか？

CH.9　G W C　P.139

問題からランダムに一問選んで、
ロボットにしゃべらせよう!

質問のリストから、ランダムに一問選んで、
それを変数に保存する
ロボットに問題文を読ませる

その後、何秒間か待って、
答えをしゃべらせよう。

5秒待つ
ロボットが答えをしゃべる

弟さんはきっとものすごくびっくりするでしょうね。ロボット工学のエキスパート、アヤンナ・ハワードに話を聞いてみましょう。ロボットに命を吹き込むときの気持ちは、ほかのなにものにも代えがたいものなの。

プロに学ぶ
ジョージア工科大学
ロボット研究者・教授

アヤンナ・ハワード

アヤンナ・ハワードはロボット工学の分野について、たくさんのことをやってきました。NASAと協力して、宇宙に行くロボットに関する仕事をしました。彼女が作った遠隔操作で動作するロボットは、冬の南極の不毛地帯の調査に活躍しました。彼女がどのようにロボットに興味を持ったのか、ロボットの定義とは何か、そして異なる複数の観点からものごとを見ることが、彼女の仕事にどのように知見を与えたのかを聞くことができました。

わたしはロボット工学が好きです。ロボット工学では、自分の書いたプログラムが正しいか間違っているか、わかりやすいフィードバックがくるんです。変数の使い方を間違えたら、ロボットは壁にぶつかります。

ロボット工学は、わたしたちにこれまでとは全く違った学習のスタイルを提供してくれます。もしわたしが目に見えるものを重視するタイプの学習者なら、ロボットの動きを見ます。触って確かめるタイプだったら、ロボットに触って、動かして、プログラミングします。コンピューター・サイエンスは、こんな不安がつきものです。「プログラマーになったら、モニターの前に1日中座ってるのかな？」ロボット工学では、モニターの前から立ち上がって、実際のロボットを相手にあれこれする必要があるので、心配いりません。

アヤンナはNASAでロボットの仕事を始めました。その経験から、ロボットを使うユーザーの視点で自分の仕事を見直すことの価値に気づきました。

わたしは計画されていた火星探査のミッションについて調べていました。それが宇宙や危険な場所で作業を行うロボットの開発であっても、わたしは「そもそも、自分たちはこのロボットに何をさせたいのか？」を重視しました。それは科学の発展に役立つことなんです。わたしは、どのように科学者が考え、どのようにロボットを操縦し、どのような探索をするかについて知らなければなりませんでした。その後、ジョージア工科大学で働きはじめたとき、わたしが開発したロボットは、NASAで働いていたときとは異なり、宇宙に行

く予定はありませんでした。そこでわたしは、南極などの氷に閉ざされた環境や、水中で動作するロボット開発を研究し始めました。科学者は、北極や南極の氷が溶けている理由を理解し、地球温暖化とともに何が起こっているのかを解明したいと考えているのです。わたしはコンピュータ・サイエンティストとしてだけでなく、気候学者、微生物学者のような仕事も始めたんです。

ほかの人の経験から学ぶことで、彼女はいま取り組んでいる仕事を始めることになりました。

わたしはいま、ヘルスケアと、障害のある子どもたちのためのロボット開発に情熱を注いでいます。この仕事を始めたのは偶然でした。わたしはいくつかのロボット体験教室を企画運営していて、その1つに視覚障害の若い女性がいたのです。そのときのスタッフはみな、彼女が利用しやすい形のロボットを提供することはできませんでした。それでも彼女は本当に頭が良くて、ロボットを動かして見せました。それでわたしは気づきました。これまであまり考えていなかったような、ロボットのアクセシビリティ（利用しやすさ）、公正さという観点もとても大切なんだと。

わたしはこうした研究課題について、視覚障害のある子どもたちや、運動障害のある子どもたちとコミュニケーションしながら、調査を始めました。

どんなプロジェクトでも、アヤンナはいつも生徒たちに、プログラミングスキルの価値について伝えています。

プログラミングは、スクリーンに0と1を映し出す、無味乾燥な眺め以上の価値があります。もし病院のシステムに組み入れられるプログラムを作ったなら、あなたは命を救っているのです。もし教育に役立つシステムを作ろうとしているなら、それを使うたくさんの、何世代もの生徒たちに影響を与えようとしているということです。あなたの創り出す0と1は、あなたの周りのすべてを変える力を持っているのです。

　プログラミングを覚えて、女の子たちがどんなふうに世界を変えて行くのか、本当に楽しみ！　さて、語るべき大きなテーマがもう1つある。わたしたちはプログラミングで作られたそのプロダクトを毎日、たくさんのいろんな方法で使ってる。実際、これを読んでるあなたももう、そういうプロダクトを改善する鍵を握ってるの。気づいてないかもしれないけどね。

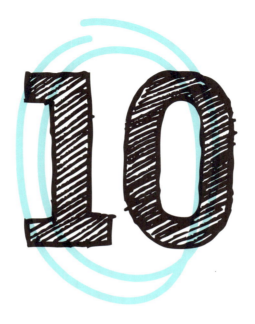

ウェブサイト、スマホアプリ、オンライン・セキュリティ

わたしがまだ話してない、**プログラミングのとても重要な分野**が何か知ってる？

ヒントをあげる。それは、ほとんどの人がいつも使ってるもの。実のところ、いままさに使ってる人もいるはず！

ウェブサイトとスマホアプリ？

そのとおり！ウェブサイトとスマホアプリのデザインと開発は、プログラミングのスキルをいますぐ役立てるのに最適な方法の１つね。コンピューターとアイデアさえあれば、いますぐ飛び込んで、作り始めることができる。スマホアプリやオンライン・サービスにとって若い世代の人たちは巨大な市場で、ちょうどあなたたちの年代がトレンドを作り出してる。

　あなたたちの年代が好きなものをシェアすることが、プロダクトの成功に大きく影響するだけじゃない。あなたたちは、保護者や大人たちに、いまどきのテクノロジーについて教える立場でもあるの。それって、あなたの家族がどんなサイトを見て、どんなアプリに課金して、遊んで、といったことを決めるのに、かなり影響力があるってこと。あなたには、テクノロジーを理解しているユーザーとして、好きなプロダクトがあるはず。そうして、これからそれをもっと良くしていくことだってできるの！

　わーお、みんなすごいやる気ね。まさにそこが大事なところ。テクノロジーを使う側としてなら、みんな、何が欲しくて何が必要かわかってる。プログラミングができるようになれば、あなたにとって完璧なプロダクトを誰かが思いついたり、発明するのを待たなくてよくなるの。自分で作ればいいんだから！

ウェブサイトやアプリを作るときに、心に留めておいてほしいことをこれから見てみましょう。

ウェブサイト

ウェブサイト作りっていっても、たくさんの始め方がある。既製のテンプレートを利用してもいいし、自分でイチからプログラムを書いてもいい。何を選ぶにしても、ウェブサイトを設計するときに一番大事なことの1つは、

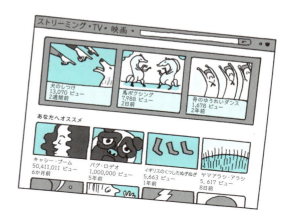

ユーザー・エクスペリエンス（UX）、ユーザーがそのサイトでどんな体験をするかっていうことのデザインね。そのサイトの目的はなに？　どんな人がそれを使う？　どんな情報やサービスをユーザーに提供する必要がある？

こういう根本的な問いは、サイトを作るのにどんなプログラミング言語を使うか、サイトにどんな機能を持たせるかを決めるのに役立ってくれる。ユーザーは動画や画像を見ることがある？　ユーザーがスマートフォンでアクセスしているときは、そういうデータをどうやって表示すれば見やすい？　商品の注文をしたり個人情報を送ることがある？　どうやってそういった情報を外に漏らさないようにしようか。

これらの問いは、アプリを設計するときにも同じように大切。そしてアプリには、さらにいくつか考えておいた方がいい要素があるの。

スマートフォンアプリ

アプリにはいくつか種類がある。それぞれの違いは重要よ。というのも、どうやってプログラミングするかが変わってくるから。

ネイティブ・アプリ：これはモバイル端末といっしょに成立したもので、スマートフォンのホーム画面にアイコンが並ぶようなアプリね。アイコン※1をタップしてアクセスできる。Appストアからインストールできる。

モバイル・ウェブアプリ：ネイティブ・アプリみたいな見た目と動きのウェブサイトだけれど、実際にはインターネット・ブラウザを使って動いている。こういうアプリは、ウェブサイトを通じてアクセスされる。そのサイトが、モバイル版として端末に読み込まれるの※2。このタイプのアプリには制限があって、たとえば、スマートフォンのなかのハードウェア、具体的にはカメラやストレージ（保存場所）にいつでもアクセスできるわけじゃない。

Androidのアプリを作るには、米MITのApp Inventor for AndroidやJavaなどを使うし、Appleの端末で動くアプリを作るにはSwiftかObjective-Cなどを使う。どのプログラミング言語を選ぶかによって、完成したアプリを配布できる方法が変わってくるから、どの言語を選ぶかを最初から考えておくべきね。

「さっき、ウェブサイトを設計するときに、情報を外に漏らさないようにって言ってたよね。わたし、いつもそこで悩んじゃうんだけど。どうやったら、わたしたちがコードに仕込んだ情報や、コードそのものを安全にしておけるの？」

よい質問ね。

※1 アイコンにできるのは、ネイティブ・アプリだけではありません。モバイル・ウェブアプリも、ショートカットアイコンをホーム画面に置くことができます。
※2 ウェブサイトだけれど、デザインや動きをモバイル用に使いやすくカスタマイズしたものが表示されます。

オンライン・セキュリティとプライバシー

わたしたちの生活がどんどんオンライン化するにつれて、自分自身の個人情報や、お金のやりとり、果ては家で使っているスマート家電（たとえば温度管理の装置や防犯ベル）について、悪意ある攻撃者から守ることはますます重要になってきてる。残念なことに、ハッカーや犯罪者、敵対する政府や政治団体までが、**サイバー・セキュリティ**の弱い場所を突いて、個人情報を盗み、お金を引き出し、サービスをシャットダウンさせている。

「それで、わたしたちはどうしたらいいの？」

犯罪と戦うサイバー・セキュリティを専門とするコンピューター・サイエンスは、いま成長している分野ね。会社などの商業の分野と、アメリカ政府や連邦の機関などの政治的な部門のどちらでも活躍する。この分野の得意とすることには、次のようなものがある。

★ **電子データの暗号化**：たとえばデータのプライバシーを守るために暗号やパスワードを生成する。

★ **通信ネットワーク保守**：企業内などで、ネットワークを最新に保ち、ウィルスや悪意あるソフトウェアが侵入しないようにして、適切に運用する。

★ **サイバー・セキュリティのテストと設計**：セキュリティ上の弱点をテストするためにわざと侵入を試みて、そうした欠陥をなくすような解決方法を設計する。

データの暗号化やオンライン・セキュリティは、かなり高度なプログラミングが必要だったりするけど、いますぐに始められることもある。アプリやウェブサイトを設計するときには、いつも「どんな情報をユーザーにリクエストするのか、それをどうやって安全に保存しておくか」について慎重に考えるの。ネット上にも、プログラムやデータを安全に守るためのプログラミングのうまいやり方を教えてくれる教材がたくさんあるわ。

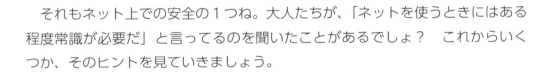

　それもネット上での安全の1つね。大人たちが、「ネットを使うときにはある程度常識が必要だ」と言ってるのを聞いたことがあるでしょ？　これからいくつか、そのヒントを見ていきましょう。

ネット上での護身術

　もうわかってるとは思うけど、世のなかってけっこう手ごわくてめんどくさい、特に若い女性にとってはね。ネットの世界もおんなじ。そこにいる人たちも、オフラインの世界と変わりない。そこにはあなたを手助けしたり、つながりをもったり、友だちになったり、コミュニティを作りたい人がたくさんいる。でも、同じように、素性を隠して詐欺や、盗みや、いじめ、荒らし行為、ときには弱い人を傷つけようとたくらんでいる人たちもいるの。
　ネットの世界は、どこにでも行けて誰とでもつながれる、信じられないような自由を与えてくれるけど、あなたがやりとりしている相手は実際には誰なのかを知るのは、オフラインの世界より難しい。

かしこく、でも臆病にはならないで

　ネット上では、臆病になりすぎる必要はないけれど、かしこくふるまうことは必要よ。特に個人情報についてはね。それから、個人的に会いたいって言われたら、最初は家族か保護者といっしょに会うのだったらOK、文句はなしよ。もしその条件について何か言ってくるようだったら、かなりの危険信号。信頼できる大人に相談した方がいい。道を歩いてるときに、知らない人の車には乗らないでしょ？　同じように、ネットで知り合った人に会ったり、個人情報を教えたりしない。相手がどんなにいい人に見えてもね。

　シアトルの Girls Who Code のメンバーである、セレスト・B、ジュリー・P、ヤスミン・L、アニー・Bは、ネット上の安全を心配しながらぼんやり座って何もしないって考えが気に入らなかった。それで、「Guardian Angel（ガーディアン・エンジェル／守護天使）」と呼ばれるすごくクールなアプリを作ったの。それは、若い女性が、自分の身の安全を、責任を持って確保することを支援するアプリ。

Guardian Angel（ガーディアン・エンジェル：守護天使）

**このアプリをどうやって思いついたの？
それから、これってつまりどういうアプリ？**

ジュリア：わたしたちは、何か人に使ってもらえるものを作りたかったんです。しかも、それがはっきりした形で、生活に影響を与えるもの。ただの娯楽じゃなくてね。それで、日常的に使ってもらえるようなものづくりに挑戦しました。
市場には安全のためのアプリがたくさんあることは知っていました。でも、わたしたちはただ誰かと連絡を取ったり、居場所を追跡したりするだけのものが欲しかったわけじゃないんです。わたしたちが欲しかったのは、身を守るための方法がまとめてそろっているもの。そしてそれが、わたしたちが「ガーディアン・エンジェル」に求めた理想像でした。

それで、アプリはどんなふうに動くの？ これを使って何ができる？

セレステ：アプリを開いたら、セーフティ・モードを有効にする選択肢が表示されます。それを選ぶと、居場所の記録ができるようになります。それから、緊急ボタンを押すオプションもあって、それを選ぶとグーグルマップの位置情報とともにお知らせが、緊急用の連絡先に届きます。この連絡先は、アプリで事前に登録しておけるグループです。アプリはデータベースを持っていて、一度通報者の居場所を地図とともに送信したら、登録された連絡先の人は、通報者がどこに向かっているかを知ることができます。ほかの機能としてはYelp（イエルプ：地域のお店のレビューサイト）を使って、営業中のお店を探すことができます。つまり、自分の近くの営業中の安全地帯を探して、いまの場所からそこまでの行き方を調べることができるんです。

ジュリー：このアプリには、身の安全を守って危険な状況を避けるためのヒントを載せたページもあります。わたしたちは、このアプリを誰でも使いやすいものにしたいと思っていましたが、そのなかでもとりわけ、一人暮らしを始めたばかりの人たちで、都会や深夜に慣れてない人に役に立つと考えています。

このアプリは、自分が必要としていたものだと思う？ それともほかの誰かのためのもの？

セレステ：わたしたちみんな、このアプリの必要性を感じています。だって、わたしたちはみんなどこかに1人で行かなければいけない状況を体験したことがあるからです。それはぞっとするようなことですし、誰かが、ぴったりついて来るのじゃなしに、見守ってくれればいいなと思います。そして、クラスやほかのところで話をした誰もが、このアプリをとても必要としていました。

ジュリー：わたしたちのモットーはこうでした。「安全をわたしたちの手に取り戻せ」。そしてわたしたちは、ユーザーが、誰がいつどんな情報にアクセスできるかを確実にコントロールできることを目指しました。ユーザーは常に、自分に関して起こっていることをコントロールできます。それは、ただ「危険を感じたらこのボタンを押して、誰かが守ってくれるのを待とう」ってこ

とじゃないんです。状況に応じて必要なことを自分からできる人間でいるってことなんです。

アプリを作る過程はどんなだった？
どんなプログラミング言語を使ったの？

クリステ：わたしたちは Android か Apple のアプリ（iOS で動くアプリ）を作りたかったんですが、それに必要な Java や Swift の経験がある人はいませんでした。でも、スマートフォンの SMS 機能と連絡先、それから位置情報を使いたかったから、モバイル・ウェブアプリではダメだったんです。それで、最終的には MIT の App Inventor for Android を使うことにしました。これは、Android アプリを簡単に作れるビジュアル・プログラミング言語です。
ジュリー：Scratch に似てるけど、スマホのアプリが作れるんです。

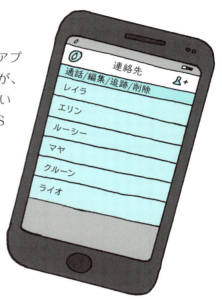

グループでどんなふうに作業を進めたの？

ジュリー：ずっと力を合わせてがんばってきたから、すごくすてきな体験でした。App Inventor は最高に直感的なプログラムってわけじゃないので、わたしたちは目標達成のために、知恵を絞る必要がありました。どんなふうに作業を分割して、協力しながら同時に進めていけばよいかがわかってからは、本当にいい流れを作れました。

どうだった？
自分で作るアプリをどんなふうにするか、ざっと説明できそう？

さて、ここでできることはすべて済んだみたいね。 これが、Girls Who Code のすべての先生、ファシリテーター、メンター、パートナー、メンバーが好きな光景よ。つまり、女の子たちがひらめきを持って、協力して、創造し、そしてプログラミングをする。人生をより良いものにして、世界を変えるためにね。

　カヤ・トーマスが、高校でプログラミングを学んでからやってきたことも、同じよ。彼女は、プログラミングに良いことを起こす力があるって証明したの。

プロに学ぶ
「WE READ TOO（ウィー・リード・トゥー：わたしたちの手にも本を）」アプリの作者

カヤ・トーマス

カヤ・トーマスは子どもの頃から読書好きでした。ですが、図書館や地元の本屋さんで読めるたくさんの本の登場人物に、自分とのつながりを感じることに難しさを覚えていました。
それで彼女は、有色人種による有色人種のための、子どもの本と物語の検索ガイドアプリを作ろうと決めました。これから彼女が、大きな夢を現実にしたアプリについて語ったことを聞いてみましょう。

　　高校生のとき、わたしはほとんど毎日近所の図書館に通って、新しい本を読みました。
そうして、わたしが読んでいる本に出てくる女の子の誰も、わたしみたいな髪ではないし、わたしみたいな肌の色ではない、ということに気づくようになりました。それは本当にがっかりする事実でした。まるで、自分が見えない人間みたいじゃない？　どうして「わたしの」物語は語られないんだろう？　どうしてそういう本を見つけられないんだろう？　そういう資料があったらいいのに、と心から願い、それがアイデアの元になったんです。
子どものころからテクノロジーが好きでしたし、いつもソーシャルメディア[3]を利用していました。でも、自分が愛しているそうしたものを、自分で作れるなんて考えたこともありませんでした。まず、そうしたことを想像すらしませんでした。
そして大学生のとき、コンピューター・サイエンスに出会って、恋に落ちたんです。そのとき、このアイデアを実現できるスキルがこの手にあるとわかりました。

けれど、彼女にとって、簡単なことばかりではありませんでした。

コンピューター・サイエンスを専攻してみようという考えに奮い立って、いく

※3　インターネット上でやり取りをするいろいろなサービスです。

つかの入門コースを体験しました。それから、「純粋数学」のコースの１つをとりました。そこで、自分に数学のしっかりとした基礎がないことを感じ、本当にこの専攻を最後まで終えられるだろうかと不安になりました。幸運なことに、先生から励まされて、コースに留まる気持ちを持ち続けることができました。最後までクラスで優秀な成績を取れませんでしたが、単位を取得できたことで、かなりやる気が出ました。このことで、自分はできる、ということと、自分に自信を失ったままではいられない、ということがわかったんです。

もし自分自身が信じられなくなったり、自分に失望したりしたときは、その気持ちに負けたままにしてはいけません。そんなときがあるのも認めて、けれどその気持ちには横にどいてもらって、自信が輝きを取り戻すようにするんです。

知識や、自信や、決意といったものは、すでに自分自身のなかにあるんだと気づくこと。それが、カヤが指導にあたる生徒たちに教えようとしているものです。彼女にとって、「取り戻すこと」は、自分の仕事の重要な部分です。

自分の経験やそこから得た見識を語って、「あなたはわたしを超えられる。あなたはわたしよりうまくやれる」って伝えます。わたしたちのやるべきことは、テクノロジーの道を進むこと。そして、それをもっと多くの女性、もっと多くの有色人種、もっと多くのさまざまな社会的な地位の人々に開かれたものにすること。そして彼らがわたしたちともに新しい世界を切り開き、そのコミュニティに影響を及ぼす問題を解決するための場所を用意することです。そのためにできるたった１つの方法は、わたしたちの後に続く、より後の世代の子たちへこう言うことなのです。「わたしたちは、あなたの力になるためにここにいるの。あなたはわたしたちよりずっと豊かなものをつくれる、あなたたちはわたしたちよりうまくやれる」って。

さいごに

　最後まで来たね！　この本はこれで終わりだけれど、あなたにとっては、まだ始まったばかり。この本がうまく役目を果たしていたら、あなたはいまから新しい世界に飛び出して、プログラミングを始める準備ができているはず。そこには、創造と、革新と、ひらめきがあなたを待っている。

次はどうする？

　プログラミングを始める準備ができたら、最初にやるのはわたしたちのサイト、GirlsWhoCode.com を訪れること※1。あなたのプログラミングの冒険の次の一歩をサポートするための、あらゆる種類の情報がそろってる。そしてもちろん、あなたの近くの Girls Who Code クラブを見つけたり、入会したりするための情報もそろってる※2。一度クラブに入会したら、同じようにプログラミングを学んでいる女の子たちの仲間になるの。あなたのいる地域の、そしてアメリカ全体の。

　年齢を重ねて、高校に入学して大学進学の準備をするようになれば、わたしたちのコミュニティは、コンピューター・サイエンスのクラスや予備校選びについてアドバイスできる。コンピューター・サイエンスを大学で専攻したり、副専攻にしたりすると宣言しやすいようにね。大学への準備が整ったら、学校や、卒業プログラムや、最終的には会社まで、技術やその関連分野でやりがい

※1　英語のサイトです。
※2　残念ながら Girls Who Code は日本にはありません。けれども CoderDojo Japan（https://coderdojo.jp/）など、日本にもプログラミングを学べる場所は増えてきています。

のあるキャリアへ続く道を紹介したいな。

　だって、こういったキャリアはあなたを待っているものだから。

　エンジニア兼起業家としてキャリアを築いた、わたしの友人のデブラ・スターリングに話を聞いてみましょう。彼女は、女の子のためのおもちゃのブロックを作るGoldieBlox社を創業して、その会社は急成長してる。それでも、彼女はまだプログラミングを学び続けているの。

> **デブラ**：わたしは機械工学とプロダクト・デザインを勉強し、いくつかのコンピューター・サイエンスの授業をとりました。でも、わたしが一番後悔していることの1つは、大学でもっとコンピューター・サイエンスを勉強しなかったこと。だから、わたしは最近、プログラミングの自習を始めたんです。わたしの考えでは、子どもは読み書きといっしょに、コンピューター・サイエンスも学ぶべきです。これらのスキルと、世界がどうやって動いているかの理解は、この世界を創り、わたしたちみんなが生きやすいより良い場所にしてゆくために、ますます欠かせないものになっていっています。

プログラミングが自分のためになるかどうか、まだ自信が持てない？　先輩たちに、考えを聞いてみましょう。

Guardian Angel を作ったジュリーとセレステより：

ジュリー：チャレンジしてみて。学校や習いごとの、プログラミングのコースをとるだけ。体験してみないと、それがどんなものかはわからない。だって、プログラミングを使ってやれることって、とてもたくさんあるから。思うんだけど、たくさんの人が、1日中パソコンの前に座り続けるっていうイメージがあるから、プログラミングに尻込みしている。でも全然そんなんじゃないの。プログラミングはスキルってだけじゃない。それはたくさんの人にとって、情熱になるの。
セレステ：どんな分野にも応用できるよ。コンピューター・サイエンスを使って、自分の興味のあるものならなんでも、より良いものが作れる。

LED It Glow のトランより：

「コンピューター・サイエンスとプログラミング」って聞いたとき、「うぇーっ」ってなる気持ちはわかるつもり。でも、やってみて。わたしはプログラミングが好きになれる気がしなかったけど、一度始めたら、本当に大好きになったし、将来の道が変わった。

Career Couture のグローリーとザラより：

グローリー：あなたがやってるすべてのことって、たいてい、何かしらプログラミングと関係してる。そして、ほとんどすべてのことに、プログラミングを結びつけることができる。ファッションから、だれかを応援する活動、メディアやその他なんでも。
ザラ：わたしは自分が「プログラミングをする女の子」の一員になるなんて思ってなかった。簡単なアルゴリズムを組み立てられるくらい頭がいいなんて思ってもなかった。たくさんの女の子たちが、自分ができるかどうかわからないって理由で、プログラミングをやりたくないんだと思う。だからわたしのアドバイスはこう：「自分を信じて。1行のプログラムで、一瞬で世界を変えることができるんだから」

わたしがあなたにいうことは、これ。

あなたがプログラミングを学ぶのにはすばらしい価値がある、なぜならあなた自身にすばらしい価値があるから。あなたの声、あなたのものの見方、あなたの創造的なアイデアとエネルギーは、取るに足る、重要な意味のあるものよ。女性は世界の人口の50パーセントを占めている。わたしたちはこの地球の人口の半分なの！ なのに、フォーチュン社の発表する、全米上位500社のCEO（最高経営責任者）の半分が女性でないのはどういうわけ？ どうして世界の指導者と政治家の半分が女性じゃないの？ どうして世界的な発明家とイノベーターの半分がわたしたちであっていけないの？

いけないことなんかない。わたしたちはまだ、それを示す機会が与えられていないだけ。これからの仕事や産業に不可欠なテクノロジーを身につければ、そんな未来を実現することができる。あなたは勇気があって、強くて、頭が良い、「プログラミングをする女の子（Girls Who Codes）」。そしてあなたは、世界を変えることができるの。

用語集

英語

API（エーピーアイ）……… 57
API（アプリケーション・プログラミング・インターフェース）とは、アプリケーション同士に対話をさせるために用意されたルールです。たとえば、イチから地図をプログラミングする代わりに、GoogleマップのAPIを使うことで、自分のサイトやアプリケーションにGoogleマップを埋め込むことができます。

D.R.Y. ……… 51
D.R.Y.（ドント・リピート・ユアセルフ、繰り返しをしない）というのは、同じプログラムを何度も何度も書かない、という意味です。そうすることで、プログラムは読みやすく、また編集しやすくなります。もし同じことを何回か行いたいのなら、同じプログラムを書く代わりに、繰り返しか関数を使いましょう。

Hello, world ……… 92
「Hello, world」は、コンピューターに「こんにちは、世界」と表示させるだけの簡単なプログラムです。新しいプログラミング言語を学ぶとき、最初にやってみるプログラムの1つです。

IDE（アイディーイー）……… 107
IDE（インテグレーテッド・デベロップメント・エンバイロンメント、統合開発環境）は、プログラマーがプログラミングするのに使用するアプリケーションです。IDEは、コンパイラやデバッガといったいくつかのツールを1つにまとめることで、開発者がソフトウェアを開発するのをより簡単にしてくれます。

UX（ユーエックス）……… 107
UX（ユーザー・エクスペリエンス、ユーザー経験あるいはユーザー体験）は、人がある製品を使うときの体験のことです。製品はスマートフォンのアプリでも電子レンジでも構いません。よくデザインされたUXの製品は、どうやって使えばいいのかを考える必要もなく、簡単に楽しく使うことができます。よいUXによって、赤ちゃんでもタブレットが使えるというわけです！

あ行

アプリケーション（Application）……… 19
アプリケーションは、PCやウェブ上、あるいはスマートフォンやタブレットといった小さな端末上で動くソフトウェアです。ウェブアプリケーション、たとえばSNSやカレンダーは、ただ情報を表示するだけではないところが、ウェブサイトとは違います。ユーザーからの入力がなければ動かないのです。文書作成やゲーム、写真の編集やソーシャルメディアでのつながりまで、あらゆる用途のアプリケーションがあります。

アプリケーション・フロー（Application Flow）……… 78
アプリケーション・フローは、絵と矢印を使って、アプリケーション内で何が、どんな順番で起こるのかを表現する方法です※。アプリケーション・フローを書き起こすことで、プログラムを動かすために論理的に考える手助けになります（121ページの訳注参照）。

※ 日本の学校で使われているJISのフローチャートやUMLのアクティビティ図などもそれらの1つです。

アルゴリズム（Algorithm）……… 45
アルゴリズムとは、コンピューターがそれに従って仕事をやりとげるための、一連の処理の手順のことです。あらゆるものをアルゴリズムとして記述することができます。数学の問題を解くことも、作曲をすることも！（「アルゴリズムを利用した作曲」の項を参照）

アルゴリズムを利用した作曲（Algorithmic Composition） …… 128

アルゴリズムを利用した作曲（アルゴリズミック・コンポジション）とは、プログラミングが関わる手法に限定するなら、アルゴリズム（さまざまなデータをどのように音階に変換するかという命令のリスト）を使って、コンピューターで作曲をする方法です。ロボットがまるごと作った交響曲を想像してみてください！

ウェブサイト（Website） …… 147

ウェブサイトとは、インターネット上に情報を公表しているけれど、ユーザーとのやりとりがなく、一方的に情報を表示するだけのものをいいます※。こうしたウェブサイトは学校の集会によく似ています。人がやってきて生徒に対して何かしゃべりますが、聞いている方はしゃべる人に反応してしゃべり返すことはありません。ちょっとしたHTMLとCSSの知識があれば、すてきなウェブサイトが作れますよ！

※　最近のウェブサイトは、JavaScriptなどを使って、対話的な動きをするものが増えています。

か行

関数（Function） …… 42

関数とは、プログラムのなかで、一連の手順を1つにまとめたものです。数学の問題に似ています。情報が与えられる、つまり関数に「入力」があると、関数はその入力を処理し、答え（またの名を「出力」）を返します。

擬似コード（Pseudocode） …… 47

擬似コードとは、人間にとって読みやすいけれど、コンピューターには読めない形で書かれたプログラムのことです。擬似コードは、プログラムの処理の流れを記録するために使い、それを実際にコンピューターが読めるコード（プログラム）に翻訳するといったふうに使います。

共同作業（Collaboration） …… 67

共同作業（コラボレーション）とは、2人かそれより多い人数で、一緒にプロジェクトや仕事を行うことです。GitHub※のようなオンラインのコラボレーション・ツールによって、世界中のいろんな場所のプログラマーが、同時に同じプログラムについて作業することができるようになりました。

※　自分のプログラムを公開し、複数人で共有、編集を行うコミュニケーションができるオンラインサービス。

ゲーム作り（Video Game Development） …… 113

ゲーム作りは、ゲームを考え出して、作り上げる過程そのもののことです！ Girls Who Codeの生徒は、絶滅危惧種の動物や社会問題を取り上げた、すばらしいゲームを作ってきました（121ページの訳注参照）。

コア4（Core4） …… 42

コア4は、Girls Who Codeが発明したフレーズで、コンピューター・サイエンスの重要な4つの考え方、変数、ループ（繰り返し）、条件分岐、関数のことを言います。この4つの考え方は、ほぼすべてのプログラミング言語に存在します。

効率（Efficiency） …… 51

コンピューター・サイエンスで効率といったときは、プログラムが、どれだけのものを得たかを、どれだけのものを費やしたかと比較して計測したものです。効率の良いプログラムは、コンピューターのメモリー※をあまり使わずに、データを処理することができます。チーターがあまりエネルギーを使わずに、速く走ることができるようなものです。

※　プログラムの「効率が良い」という場合は、メモリーの他にも計算量、各種リソース、エネルギー効率など、さまざまな計測の対象があります。

コード（Code） …… 19

コードは、コンピューターが行う手順を書き表すために、人間が使うものです。コードによって、わたしたちは人間が理解できる言葉で、コンピューターも理解できるように命令を書くことができます。

用語集  P.163

コンパイラ（Compiler） 91

わたしたちがプログラミングをするときは、プログラミング言語を使ってコンピューターに何をするのかの指示を与えます。コンパイラは翻訳機のようなものです。わたしたちが書いたプログラミング言語を読み込んで、コンピューターが理解できる「機械語」に翻訳してくれます。

コンピューター・プログラミング（Computer Programming） 113

コンピューターに対してコードを書き（コーディングをして）あなたがコンピューターにしてほしいことを伝えることです※。コンピューターは賢く見えても、人が書いたプログラムがなければなんにもできないのです！

> ※ 日本では、コーディングはプログラムへの単純な変換作業、プログラミングはプログラムを作る工程全体を指す、といった具合に使い分けられることもあります。

コンピューター・サイエンス（Computer Science） 15

コンピューター・サイエンス（略してCS）は、コンピューターと、そのさまざまな使い道についての研究分野です。コンピューター・サイエンティストは、あらゆる種類のものごとをプログラミングします。複雑な医療の問題を解決することもあれば、音楽や芸術を作ることもあります。

さ行

サイバー・セキュリティ（Cyber Security） 149

サイバー・セキュリティとは、コンピューターやスマートフォンといった機器のなかのデータが、盗まれたり壊されたりするのを防ぐ、という意味です。

ジェネレーティブ・アート（Generative Art） 126

ジェネレーティブ・アートとは、コンピューターを（部分的にでも）使って作った芸術作品のことです。たとえば、アニメでキャラクターの髪の毛とその動きをプログラミングしたい場合、1本1本をプログラミングすることもできますが、髪の毛の動きをシミュレーションして、時間を節約することもできます。ピクサーの映画『メリダとおそろしの森』で、メリダ姫を造形したアニメーターは、姫の髪の毛すべてを作るのに、ジェネレーティブ・アートを使いました。姫の髪を、現実の世界で縮れ毛が動くように動かすのに、髪の毛1本1本をアニメーションで動かす必要はありませんでした。

ジャンル（Genre） 109

ゲームの「ジャンル」とは、似たような課題に挑戦するゲームをグループに分けた、そのグループのことです。たとえば、教育ゲームは1つのジャンルに分けられ、アドベンチャーゲームは別のジャンルになります。

出力（Output） 21

出力（アウトプット）とは、コンピューターの動作結果です。入力の内容と、それを受け取るプログラムの組み合わせで、どのように動作するかが決まります。要するに、指でアプリのアイコンをタップすると（入力）、アプリケーションが起動する（出力）ってことです！

条件分岐（Conditional） 41

条件分岐とは、プログラミングの要素の1つで、あることが起こったときにだけ、別のあることが起こる、というものです。条件分岐は「if文」とも呼ばれます。というのも、「if（もし）あることが起こったら、そのときには別のあることが起こる」からです。

処理（Process） 21

処理とは、コンピューターや機器上で実行されているプログラムのことです。1つのアプリケーションで、別々の処理が同時にいくつか動くこともあります。

真偽値（Booleans） 39

プログラミングでいう真偽値とは、「true（真／本当）」か「false（偽／間違い）」かを答えさせるものです。これはコンピューターが、あなたの書いたプログラムにしたがってどのように動作すればよいのかを知るのに役立ち

ます。真偽値は「if（もし）」の文で使われます。もしその文が真（本当）ならば何かあることが起こり、偽（間違い）なら別の何かが起こることになります。

シンタックス（Syntax）──── 86
シンタックス（文法）は、プログラムのなかのアルファベット、数字、シンボルを配置するルールのことです。英語で書かれた文章に似た形式の文法を持つプログラミング言語が多いです。正しい文法は、自分のプログラムを適切に、動く状態にしておくのに大切です。文法というのは、同じことを書くのに、Ａという書き方が正しい（コンピューターが解釈できる）か、Ｂという書き方が正しいのかを決めたルールです。
　Ａ：「会えて　こんにちは！　うれしい　あなた！」
　Ｂ：「こんにちは！　あなたに　お会いできてうれしいです！」

シンタックス・エラー
（Syntax Error）──── 100
シンタックス・エラーは、書いたプログラムの文法が間違っていたときに起こります。どこかの記述が決められた文法の規則にしたがっていないということです。ときには、セミコロン（;）の場所が間違っているといったごく小さな間違いも、コンピューターにとっては大きな違いとなります！

ストーリーボード（Storyboard）──── 73
ストーリーボードは、プログラムやゲームで何が起こるかを、マンガのように書き起こしたものです。ストーリーボードのなかには見た目が素敵で手の込んだものもありますが、別にそうでなくてもかまいません。プログラムやゲームがどのように動くのかの理解には、簡単なスケッチを描いても十分助けになります。

ソフトウェア（Software）──── 19
ソフトウェアとは、プログラムや命令のように、電子的に保存されるものの意味です。すべてのソフトウェアは、システム・ソフトウェアとアプリケーション・ソフトウェアのどちらかに分けられます。システム・ソフトウェアは、コンピューターを動かすためのオペレーティング・システムなどです。アプリケーション・ソフトウェアは、何かをするためのプログラム、たとえば写真編集ソフトや文書作成ソフトといったものです。

た行

データ（Data）──── 38
データは、コンピューターに入力するあらゆる情報のことです。コンピューターはその情報を使って、仕事をこなしたり、計算を行ったりします。

テキスト・エディター（Text Editor）── 107
テキストを作成するのに使用するアプリケーションです。プログラムを書くために特別に作られたテキスト・エディターがたくさんあり、ショートカットを使ってすばやく操作ができたり、自動でシンタックス・エラーを検出してくれるなどの機能を提供してくれます。

デザイン（Design）──── 68
デザインというのは計画のことです。その計画の表現手段が文章でも絵でも、とあるものがどのような形をしていて、どのように動くのかの指示であればデザインといえます。たとえば、ドレスのデザイン画は、どのようにドレスを作るかを指示するものです。iPhoneアプリのデザインは、アプリがどのように動くかを示してみせます。こういった計画を作る人を、デザイナーと呼びます。

デザイン－制作－テストのサイクル
（Design-Build-Test Cycle）──── 63
デザイン－制作－テストのサイクルでは、まず何かをデザインして、それを動くように作ってみて、試しに使ってみます。そうして、どうすればもっとデザインが良くなるかを検討して、もう一度デザインに戻ります。サイクル（循環）ですので、自分の作ったものに納得がいくまで、これを繰り返します。

デジタルアートとデザイン
（Digital Art and Design）──── 123
デジタルアートとデザインは、芸術とデザイ

ンを創造する過程に、テクノロジーを持ち込みました。プログラムを使って写真を編集することも、アニメ映画で、シーンのなかの光の当て方をプログラミングすることも、デジタルアートとデザインです。

デバッグ（Debugging）……99
プログラムは、書いて一発で動くことはめったにありません。デバッグは、どうして自分の書いたプログラムが動かないのか、その理由を見つけ出して、修正する作業です。デバッグ（虫を取り除く）という言い方は、グレース・ホッパーが、自分のコンピューターのなかに、コンピューターの不具合の原因になっていた（本物の！）虫を見つけたと言われていることが由来です（100ページの訳注参照）。

ドキュメント（Documentation）……103
ドキュメントとは、使う人に向けて書かれた、ウェブサイトやアプリについての情報です。最近は、ほとんどのドキュメントはネット上にありますが、一部の古めかしいドキュメントは、取扱説明書やヘルプガイドとして紙に印刷されます。

な行

二進法の数（Binary Number）……89
二進法の数は、数を0と1で表したものです。二進法の数の1桁をビットと呼びます。

入力（Input）……21
コンピューターに与える情報や命令を、「入力（インプット）」と呼びます。キーボードに文字を打ち込むときや、スマートフォンのロックを指紋で解除するとき、コンピューターに「何をしてほしいか」という入力を与えているのです。

は行

ハードウェア（Hardware）……19
ハードウェアは、コンピューターや機器を構成する物理的な部品のことです。たとえばキーボードや、モニターや、メモリーカードなどです。

這いよる多機能（Feature Creep）……74
這いよる多機能（フューチャー・クリープ）というのは、ユーザーが別に欲しくはない新しい要素や機能を、プロジェクトに追加してしまうことです。これらの機能はまさにクリープ（這いよる）のです。そしていつのまにか、プロジェクトは、必要以上にややこしく散らかった状態になってしまいます。

バイナリコード（Binary Code）……89
バイナリコードは、単語やコンピューター・プロセッサーの命令を、0と1の二進法の数（「二進法の数」の項を参照）に翻訳したものです。これでコンピューターに何をしてほしいかを伝えます。バイナリコードでは、「hi」の一語は、01101000 01101001で表現できます（89ページの訳注参照）。

引数（Parameter）……53
引数は、変数の一種で、関数に値を渡すためのものです。たとえば、関数が「def f(x):……」と書かれていた場合、xが引数です。

ビジュアライゼーション（Visualization）……72
ビジュアライゼーション（視覚化）とは、データの解釈を語るのに役立つ画像、グラフ、アニメーションを、コンピューターを使って作ることです。自由に表示を変更できる地図やインフォグラフィックを見たことがありますか？　それがビジュアライゼーションです。

ブレインストーミング（Brainstorming）……64
ブレインストーミングは、何人かで集まって、大きな問題に対して創造的な解決方法を作り出すための方法です。ブレインストーミング中には、「悪い考え」「間違った考え」というものはありません！　どんなアイデアも否定せず、自由にアイデアを出しあいましょう。

プログラマーらしい考え方（Computational thinking[※]）……35
プログラマーらしい考え方は、大きな問題に対して、筋道を立てて論理的に取り組むのに役立ちます。その方法は、大きな問題を小さ

く分解し、パターンを探し、そしてその情報をもとに、段階を踏んで解決方法を見つけ出すというものです。

※ 原著では Computational thinking で、直訳すると計算論的思考となります。この Computational thinking は、Jeannette M. Wing 氏による論文（https://www.cs.cmu.edu/afs/cs/usr/wing/www/ct-japanese.pdf）に基づいている場合が多いです。

プログラミング言語（Programming Language）⋯⋯ 92
プログラミング言語とは、コンピューター・プログラムを書くために使う、用意された規則と命令のことです。たくさんのいろんなプログラミング言語があり、それぞれに違ったことができます。

変数（Variables）⋯⋯ 38
変数というのは、プログラムのなかで、情報を保存して後で読み出すために使う入れ物のことです。変数には数字や文字列や文字、真偽値（「真偽値」の項を参照）などを保存することができます。

ま行

文字列（String）⋯⋯ 39
文字列は、アルファベットなどの文字、スペース（空白）、数字などをふくむデータ型の一種です。一般的に、引用符（'、"）で囲んだものを「文字列」と呼びます。数字だって文字列になります！　たとえば、"girlswhocode"（空白なしのアルファベット）、"girls who code"（空白で区切った単語）、"12345"（文字としての数字）といった感じです。

ら行

ライブラリ（Library）⋯⋯ 55
ライブラリは、すでにある便利なプログラムをまとめたもので、自分でプログラムを書くときに使えます。同じライブラリを、たくさんの別のプログラムに使いまわすことができます。そうすることで、同じプログラムを何度も何度も書かなくて済むのです。

ループ（Loop）⋯⋯ 40
ループ（繰り返し）は、何回も同じことをするプログラムを書く方法です。たとえば四角形をプログラムで描きたいときに、「まっすぐに線を描いて、右に曲がる」という指示を、4回繰り返すという命令を書きます。これで、「まっすぐに描いて（これで1行）、右に曲がる（これで1行）」のプログラムを4辺ぶん、つまり8行書く代わりになります。

ロジック（Logic）⋯⋯ 86
ロジック（論理）は、コンピューターに分かるように考えを整理してまとめる方法です。

ロジック・エラー（Logic Error）⋯⋯ 100
ロジック・エラーはプログラムを記述するコードに入ったバグです。これがあると、期待したのとは違ったふうにプログラムは動いてしまいます。たとえば、「if（もし）文」の条件を書き間違えたバグがあると、本当は「true（真）」と評価されるはずのところで、「false（偽）」と判断されていまいます。

ロボット工学（Robotics）⋯⋯ 141
ロボット工学は、コンピューター・サイエンスの一分野で、作業をこなすのにプログラムを使う機械の構築について扱います。ロボットは、びっくりするような目的のために、毎日組み立てられています。たとえば、お医者さんのアシスタントをするためだったり、海底探査のためだったり。

わ行

ワイヤーフレーム（Wireframe）⋯⋯ 73
ワイヤーフレームとは、単純な四角形や線で、ウェブサイトやアプリケーションの構造や機能をデザインする方法です。それぞれのワイヤーフレームをパズルのように組み合わせることで、何をどこに配置すべきか、それぞれをどのように組み合わせるかを示すのに役立ちます。

用語集　　P. 167

謝辞

ここ5年ほどの間に、わたしは何万人もの女の子たち、（アメリカの）各州、各都市からきた女の子たちが、プログラミングを学び、わたしたちの緊急で重要な課題を解決しようとするプロダクトを作るのを目にしました。銃による暴力、気候変動、癌、貧困などです。

この本は彼女たちのため、そして数えきれないその他の、彼女たちに勇気づけられるわたしのような人々のために書きました。

これは世界中の女の子たちに向けた、戦いへの呼びかけです。そう、世界を変える人間になるために、プログラミングを学ぶのです。

複雑なプログラミングの世界を、理解しやすい言葉に直してくれたサラ・ハットに感謝を。Girls Who Code にどっぷり浸かってくれてありがとう。わたしたちも、そうそうあなたを手放さないからね。

この本について、すばらしい仕事をしてくれたジェフ・スターンに感謝を。おおよそ三年前、わたしはこのプロジェクトにかかわってくれないかと彼に打診し、すぐさまイエスをもらいました。とても優秀な先生であり、創造的で、コンピューター・サイエンスの基本原理を楽しく、ワクワクするものとして説明できる人です。

Girls Who Code のすべてのメンバーに感謝を。このプロジェクトに貢献してくれたメンバー、最高のプログラマー・ガールであるエミリー・リード、シャーロット・ストーン、クリッシー・ジカレリ、クレア・クック、デボラ・シンガー、エレン・グッカー、ハンナ・ガリー、フダ・クレシ、ジェサミン・バートリー・マシューズ、リア・ギリアム、サラ・ジャッドには特別な感謝を。

わたしのすばらしく優秀なエージェントで、わたしには想像できないくらい大きな展望を持っているリチャード・パインに感謝を。彼のインクウェル・マネージメントのすばらしいチーム、エリザ・ロスシュタインとナサニエル・ジャックスといっしょに仕事ができたのは特別の恩恵でした。

この本のイラストレーターであるアンドレア・ツルミに感謝を。彼女の、想像力にあふれた絵は、わたしたちのキャラクターと物語に命を吹き込んでくれました。

専門知識とリーダーシップを兼ね備えたロックスター編集者のケンドラ・レヴィンに感謝を。この本に本物の説得力を与えてくれました。アートディレクターのケイト・レンナー、そして校正のベサニー・ブライアンにも感謝を。

ペンギン・ランダムハウスの Viking シリーズのすべてのチーム、特にケン・ライトに感謝を。同社の少年少女向けのマーケティング・チームと営業部は、この本を世界中の女の子に届けてくれました。

この本に自分の話を提供してくれた女性みんな、ドナ・ベイリー、アイアンナ・ハワード、チェルシー・ハウ、ダニエル・ファインバーグ、デブラ・スターリング、カヤ・トーマスに感謝を。

アンバー・S、アニー・H、セレステ・B、エミリー・D、フェイス・K、アイダリス・D、ジュリー・P、ケニシャ・J、マリア・M、ナニー・N、セレナ・V、ヤナシャリー・S、ヤスミン・L、ザラア・L に感謝を。あなたたちのプロジェクトを取り上げさせてくれてありがとう。

そして、Girls Who Code のもっとたくさんの生徒と未来のプログラマーに感謝を。あなたたちの色とりどりのエピソードとフィードバックが、あなたがいま手にしているこの本を形づくっています。

索引

英数字

3D プリント ……………………… 128
Android のアプリ ……………… 148
API（エーピーアイ） …………… 57
App Inventor …………………… 153
Apple の端末で動くアプリ …… 148
C#（シー・シャープ） ………… 93, 95
C（シー） ………………………… 95
Career Couture
　（キャリア・クチュール） …… 114
COBOL（コボル） ……………… 91
CORE4（4つの大事なこと）… 42-43, 52
D.R.Y. …………………………… 51
else（そうでなければ）…… 41-42, 49
ENIAC ………………………… 26, 27
Forecast Fabulous
　（ステキヘアスタイル予報）… 57-59
Girls Who Code のウェブサイト
　について ……………………… 158
Girls Who Code の活動
　について ………………… 12, 158-159
Girls Who Code の創立者について … 8
Guardian Angel（ガーディアン・
　エンジェル：守護天使）… 151-153
Hershey's（ハーシーズ） ……… 128
HTML/CSS ……………………… 94, 115
IDE（アイディーイー） ………… 107
if（もし） ………………………… 41

if 文では＝記号を2つにして使う … 101
Java（ジャバ） ………………… 93, 95, 148
JavaScript
　（ジャバスクリプト） ………… 94, 115
JavaScript のエラー例 ………… 101
JavaScript の事例 ………… 58-59, 115
JavaScript のコード例 …… 92, 100-101
LED ……………………………… 124
LED It Glow（レット・イット・
　グロウ：光らせて）………… 124-126
LEGO MINDSTORMS …………… 94
MAYA EMBEDDED LANGUAGE
　（マヤ組み込み言語） ………… 95
MIT
　（マサチューセッツ工科大学）… 28, 30
NASA …………………… 28-30, 142
Objective-C …………………… 148
print …………………………… 106
Processing（プロセッシング）… 95
Python（パイソン） …………… 92, 94
Ruby（ルビー） ………………… 92, 95
Scratch（スクラッチ） ………… 94
Seeing Eye Bot（シーイング・アイ・
　ボット：目で見るロボット）… 138-141
STEM …………………………… 11
Swift（スイフト） ………… 92, 95, 148
UX ………………………………… 72, 147
WE READ TOO ………………… 156-157

人名

- J. プレスパー・エッカート ……… 26
- アヤンナ・ハワード ……… 141-143
- エイダ・ラブレス ……… 26
- カヤ・トーマス ……… 155-157
- キャサリン・"ケイ"・マクナルティ・モークリー・アントネッリ ……… 27
- グレース・マレー・ホッパー ……… 91
- ジーン・ジェニング・バーティク ……… 27
- ジョン・モークリー ……… 26
- ダニエル・フェインバーグ ……… 132-133
- チェルシー・ハウ ……… 119-121
- チャールズ・バベッジ ……… 25-26
- デブラ・スターリング ……… 159
- フランシス・エリザベス・"ベティ"・ホルバートン ……… 27
- フランシス・バイラス・スペンス ……… 27
- マーガレット・ハミルトン ……… 30
- マリーン・ウェスコフ・メルツァー ……… 27
- ルース・リターマン・タイトルバウム ……… 27

あ行

- アート ……… 126
- アイデアボード ……… 66
- アプリケーション・フロー ……… 78-85
- アポロ誘導コンピューター ……… 28-30
- アルゴリズム ……… 45-50
- アルゴリズム（擬似コードでの例）……… 50
- アルゴリズムとアプリケーション・フロー ……… 84
- アルゴリズムとライブラリ ……… 55-56
- アルゴリズムの機能 ……… 45-48
- アルゴリズムの定義 ……… 46
- アルゴリズムの例 ……… 48-49
- アルゴリズムを利用した作曲 ……… 128
- アルデュイーノ・プログラミング言語 ……… 95
- イラスト ……… 115
- インターネット ……… 30
- インターネットと個人情報 ……… 150-153
- インターネットとセキュリティ ……… 149-153
- インターネットを利用したアプリ ……… 147-148
- インターネットを利用したデバッグ ……… 103
- ウェブサイト開発 ……… 147
- エラー ……… 99-109
- 音楽 ……… 128
- オンライン・セーフティ ……… 150-153

か行

- 火星探査のミッション ……… 142
- 関数 ……… 42, 52-56
- 擬似コード ……… 50, 86-87
- 擬似コード（Career Couture）……… 115
- 擬似コード（D.R.Y.）……… 51
- 擬似コード（アート／デザイン）……… 131
- 擬似コード（ランチ行列）……… 50
- 共同作業 ……… 67, 139, 153
- ゲーム ……… 111-121
- ゲーム（Career Couture）……… 114-116
- ゲーム作りのアイデア ……… 117-119

ゲームのジャンル ……… 112-113
個人向けのコンピューター利用 … 28-29
コンパイラ ……………… 91-92
コンピューター …………… 8
コンピューター
　（入力・処理・出力）…… 21-23, 37
コンピューターの特徴［文字どおり
　（言われたとおり）に動く］… 34, 47
コンピューターと
　バイナリコード ………… 89-90
コンピューターとプログラマー
　らしい考え方 …………… 35-37
コンピューターに関する求人 …… 9
コンピューターのソフトウェアと
　ハードウェア（ソフトウェア VS
　ハードウェア）………………… 19
コンピューターの歴史 … 24-25, 28-30

さ 行

サイバー・セキュリティ …… 149-151
ジェネレーティブ・アート …… 126
自信を取り戻す ……………… 157
出力 ………………… 21-22, 37
条件分岐 ……………………… 41
条件分岐（ゲーム作りでの例）… 119
条件分岐のアプリケーション・
　フロー ……………………… 85
条件分岐のアルゴリズム ……… 49
条件分岐の疑似コード ………… 87
条件分岐の定義 ……………… 41-42
処理 ………………… 21-22, 37
真偽値（ブーリアン）………… 39
シンタックス ………………… 86

シンタックス・エラー …… 100-101
スーパーベター ……………… 121
ストーリーボード …………… 73-74
スマートフォンアプリ …… 147-148
世界初のプログラマー ………… 26
ゼロ除算エラー ……………… 101
先生とのデバッグ …………… 104
先輩（メンター）……………… 104
ソフトウェア ………………… 19
ソフトウェア工学 …………… 30

た 行

チャンスとひらめきに対して
　敏感でいること …………… 133
月探査のミッション ………… 28-30
通信ネットワーク保守 ……… 149
データ ………………………… 35
データの定義 ………………… 38
データの暗号化 …………… 149-150
データの可視化 ……………… 127
テキスト・エディター ……… 107
テクノロジーの進化 ………… 23-24
デザイナー …………………… 72
デザイン ……………………… 68-75
デザイン（這いよる多機能）… 74
デザインとファッション …… 128
デザインとUX ……………… 72, 147
デザインとサイバー・
　セキュリティ …………… 154-155
デザインの方針 ……………… 68-71
デザインの方針（それって自分以外
　の人も、欲しいもの？）…… 70

デザインの方針
　（それって必要？） ……………… 68-69
デザインの方針
　（それって本当にやりたいこと？） … 71
デザインの方針
　（それってもうあるもの？） ……… 69
デザイン - 制作 - テストの
　サイクル ……………………… 63-64
デジタルアートとデザイン …… 123-133
デバッグ ………………………… 99-109
デバッグ（print デバッグ） ……… 106
デバッグ（休憩する） ……………… 107
デバッグ（間違いの種類） …… 100-101
デバッグ（ラバーダックに話す） … 105
デバッグ
　（自分の優秀な頭脳に聞く） …… 103
デバッグと IDE ……………………… 107
デバッグとエラー・メッセージ …… 102
デバッグと不完全さ …………… 108-109
デバッグと間違いの直し方 …… 102-105
デバッグの定義 ……………………… 100
友だち ………………………………… 16
友だちとの共同作業 ………………… 67
友だちとのデバッグ ………………… 104
ドローン …………………………… 137

な行

ナノロボット ……………………… 136
入力 …………………………… 21-22, 37
ネイティブ・アプリ ……………… 148

は行

ハードウェア ………………………… 19

バイナリ ……………………… 89-92
バックアップ ………………………… 96
はんだづけ …………………………… 125
引数 …………………………… 53-55
ピクサー ……………………… 132-133
ビジュアライゼーション …………… 72
ビジュアル・アート ……………… 126
ビット ………………………………… 89
ひらめき ……………………………… 133
プライバシー ………………… 149-151
ブレインストーミング ………… 64-67
ブレインストーミング例
　（アート／デザイン） ……… 130-131
ブレインストーミング例
　（ロボット） ………………… 139-141
プログラマーらしい考え方 …… 35-37
プログラミング言語 ………………… 18
プログラミング言語と
　バイナリコード …………………… 91
プログラミング言語の
　コンパイラ …………………… 91, 92
プログラミング言語の選択 … 88, 92-95
プログラミング言語のルール … 37-38
プログラミングの定義 ……………… 18
プログラミングを学ぶ意味 ……… 161
プログラミングを始める …………… 31
プロに学ぶ（「WE READ TOO」
　アプリの作者） ……………… 156-157
プロに学ぶ（ピクサーの
　ライティング撮影監督） …… 132-133
プロに学ぶ（ゲーム開発者） … 120-121
プロに学ぶ（ジョージア工科大学
　ロボット研究者・教授） …… 142-143

ヘルスケアのために開発された
　ロボット ……………………… 136, 143
変数 …………………………… 38-39, 42
変数（擬似コードでの例） ……… 86-87
変数（ゲーム作りでの例） ………… 119
変数を用いたアプリケーション・
　フロー ………………………… 82-83, 85
変数を用いたアルゴリズム …………… 49

ま行

マンガ、アニメーション ……… 126-127
無限ループ …………………………… 101
命名規則 ………………………………… 96
文字列 …………………………………… 39
モバイル・ウェブアプリ …………… 148
問題を解決する …………… 18, 88, 105

ら行

ライブラリ ………………………… 55-56

ループ ……………………………… 40-43
ループ（ゲーム作りでの例） ……… 119
ループのアプリケーション・
　フロー …………………………………… 85
ループのアルゴリズム ……………… 51-52
ループの機能 ………………… 49, 51-52
ロジック ………………………… 38, 86
ロジック（擬似コードでの例） ……… 87
ロジック・エラー ………………… 100
ロジックの定義 ………………………… 38
ロボット ……………………… 135-143
ロボットの種類 ………………… 136-137
ロボットのための
　ブレインストーミング ……… 139-141

わ行

ワイヤーフレーム ……………………… 73

プロフィール

著者
レシュマ・サウジャニ

技術分野におけるジェンダー・ギャップを解消することを目的としたアメリカの国家認定NPO「Girls Who Code」の創立者であり、CEO（最高経営責任者）です。2012年の設立から、Girls Who Codeはアメリカ各地で数万人もの女の子を対象とした活動を行うまでに成長しています。レシュマは、弁護士、そして活動家としてそのキャリアを始めました。彼女のTEDトーク、「Teach girls bravery, not perfection（女の子に勇敢さを教えよう、完璧さではなくて）」※は300万再生を超え、どのように女の子を教育するかの対話をアメリカ全土に巻き起こすきっかけになりました。また彼女は革新的な内容である「Women Who Don't Wait in Line」という本の著者でもあります。イリノイ大学、ハーバード・ケネディスクール、イェール・ロー・スクール卒。

※ 以下から見ることができます。
https://www.ted.com/talks/reshma_saujani_teach_girls_bravery_not_perfection/transcript?language=ja

訳者
鳥井 雪（とりい ゆき）

プログラマー。二児の母。翻訳書にリンダ・リウカス著『ルビィのぼうけん』シリーズ（翔泳社）、デイブ・トーマス著『プログラミングElixir』（オーム社、笹田耕一と共訳）など。『ルビィのぼうけん』ワークショップ展開や、Rails Girls Tokyo コーチおよびオーガナイザー、プログラミング初学者のためのオンライン講座講師、島根大学嘱託教師等、女性や初学者のための活動経験多数。株式会社万葉所属。

監訳者
杉浦 学（すぎうら まなぶ）

鎌倉女子大学家政学部家政保健学科准教授。慶應義塾大学SFC研究所上席所員。NPO法人CANVASフェロー。慶應義塾大学環境情報学部卒業。同大学院政策・メディア研究科後期博士課程修了。博士（政策・メディア）。プログラミング教育をはじめとした情報教育、教育学習支援情報システムに関する研究に取り組む。著書に『Scratchではじめよう！プログラミング入門』（日経BP）など。

監修者
阿部和広（あべ かずひろ）

青山学院大学特任教授、放送大学客員教授。2003年度IPA認定スーパークリエータ。文部科学省プログラミング学習に関する調査研究委員。1987年より一貫してオブジェクト指向言語Smalltalkの研究開発に従事。パソコンの父として知られSmalltalkの開発者であるアラン・ケイ博士の指導を2001年から受ける。Squeak EtoysとScratchの日本語版を担当。子供と教員向け講習会を多数開催。OLPC($100 laptop)計画にも参加。著書に『小学生からはじめるわくわくプログラミング』（日経BP）、共著に『ネットを支えるオープンソースソフトウェアの進化』（角川学芸出版）、監修に『作ることで学ぶ』（オライリー・ジャパン）など。NHK Eテレ『Why!?プログラミング』プログラミング監修、出演（アベ先生）。

■ サポート情報

本書に関するサポート情報は、下記ウェブページをご参照ください。
なお、本書の範囲を超えるご質問にはお答えできませんので、あらかじめご了承ください。

https://shop.nikkeibp.co.jp/front/commodity/0000/P89770/

■ 原著スタッフ

- イラストレーター
    アンドレア・ツルミ
- 執筆パートナー
    サラ・ハット
- テクニカル・アドバイザー
    ジェフ・スターン
- エディター
    ケンドラ・レヴィン
- アート・ディレクター
    ケイト・レンナー

■ 日本語版レビュー協力

五十嵐美加　岩澤美帆　齊藤しおり
坂詰咲奈　塚越友香　長尾美瑶

Girls Who Code
（ガールズ　フー　コード）
女の子の未来をひらくプログラミング

2019年6月24日　第1版第1刷発行

著　　　者	レシュマ・サウジャニ
訳　　　者	鳥井 雪
監　　訳	杉浦 学
監　　修	阿部 和広
発　行　者	村上 広樹
発　　行	日経BP
発　　売	日経BPマーケティング
	〒105-8308　東京都港区虎ノ門4-3-12
制　　作	石田 昌治（株式会社マップス）
印刷・製本	株式会社シナノ

本書の無断複写・複製（コピー等）は著作権法上の例外を除き、禁じられています。
購入者以外の第三者による電子データ化および電子書籍化は、私的使用を含め一切認められておりません。
本書籍に関するお問い合わせ、ご連絡は下記にて承ります。
https://nkbp.jp/booksQA

ISBN 978-4-8222-8977-5
Printed in Japan